リベラル・アーツの源泉を訪ねて

絹川正吉

東信堂

はしがき

本書著者は、「リベラル・アーツ」を「一般教育」という視点で受け止め、半世紀の間、それを探求し続けてきた。しかし、いま「一般教育」は死語になってしまった。現今の大学教育論の趨勢は、大学教育についてのシステムや方法論であり、大学教育の内実についての論議は低調である。ましてや「一般教育」について議論することは皆無になったと言っても過言ではあるまい。そういう状況の下で、著者は、あえて自らの「リベラル・アーツの源泉」に立ち返ることを試み、「一般教育」という課題を改めて提起したいと思った。

収録した論考の前半は、西欧思想の源流にかかわる論稿を収録した。後半は現代に於ける緊急の「一般教育」について、最近の論考を掲載した。

リベラル・アーツの理解については、本文でも触れるが、おおよそ二つの流れが見られるといわれている。第一は西欧思想の源流にかかわる「アルテス・リベラーレス」の系譜である。第二は、近世以降の西欧思想にかかわる「リベラル・フリー」の理念である。本書の前半は「アルテス・リベラーレス」に関連する論考であり、後半は「リベラル・フリー」に関係していると解釈される。

「一般教育」はリベラル・アーツ教育の部分であり、また全体であると受け止められる。このように錯綜した「一般教育」論を再考すべきであるという著者の主張について、識者の関心が得られれば幸いである。

なお、一般教育論全般については、前著『大学教育の思想』および、『「大学の死」、そして復活』(東信堂)を併せて参照いただけることを期待している。

目次／リベラル・アーツの源泉を訪ねて

リベラル・アーツの源泉を訪ねて

I　はじまり

1　ファクションの語り

著者は数学を生業とする、いわば数学屋であるから、ヘレニズムについて語る資格があるのかどうか、甚だ疑わしい。にもかかわらず、ギリシャ思想について、拙論を述べることについては、いささかの立場があると思っている。というのは、一般教育に携わるということは、多かれ少なかれ、専門を越境することが必然であると認識しているからである。いわば専門と非専門の緊張の只中において、一般教育は営まれるものなのである。「一般教育」の場においては、素人が発言できる場を作り、それを学的に吸収する営みを必要とする。

ある時、著者はギリシャ哲学を専門とする畏友から、「汝もまたイデアの存在を信ずるや」と問われたことがあった。イデアとは信ずべきことであったのかと、それ以来自問自答を繰り返してきたが、その問いにも応答したいと思う。と言っても、著者はギリシア研究の専門家ではないから、その問いに正面から答える準備はない。しかし、素人にはそれなりの開き直った立場も許されるのではないか。

そもそも認識とはどういう事態を言うのであろうか。現代という時代は、「客観的認識」という発想自体を問い返す時代である。このようなことに関連して興味深い話を紹介したい。もう大分前のことだが、アメリカ・アフリカンの作家の『ルーツ』という小説が世にでて、評判を呼んだ。それは著者ヘイリーが出自を追い求めて、ついにアフリカの東海岸のあるところに辿りつき、父祖の地を確認するという感動的物語であった。一応これはノンフィクションであるということであったので、物好きなイギリスの新聞記者がアフリカの現地に飛んで、調査したところ、そのような事実はない、『ルーツ』はフィクションである、と息巻いたことがあった。するとヘイリーが答えるには、なるほどこれはファクト（fact）ではない。しかし、これはフィクション（fiction）でもない。これはファクション（faction）である、と。この話を聞いて以来、私はこのfactionという言葉に魅せられたのである。これから述べることは、まさにfactionである。factionとしてであるならば、非専門の私にも発言の場がありそうに思えるのである。

もっとも、このような発想は私が独り主張することではないようである。例えば、文化人類学者の川田順造（一九八二）は次のように述べている。「いままで文化人類学において研究の方法はずいぶん改革されてきたが、表現の方法は旧態依然たるものがあって、論文かノンフィクションの二つしかなかった。しかし、学問にももっと多様な表現があっていいのではないか、ということで、事実に基づくフィクションを設定して、問題をより純粋に検証していくという発想になった。」これはまさにfactionの方法であろう。

前置きが長くなるが、これがいわゆる人文流であろうか。私共、サイエンスの領域で思考するものの特徴は、桶狭間の戦法であり、一挙に本質をつくことを得意とする。しかし、そういう思考法は、人文学の諸氏からは軽蔑されるようである。それは本質認識であるよりは本質破壊であると。そこで人文学的思考は循環論法となるのであろうか、一点をめぐって限りなく旋回し、本質に触れるが如く、触れざるが如しである。なぜそうなるのか、おそらくその理由は、常に全体ということが念頭にあるからなのであろう。サイエンスの思考法が持つある種の一面性に対する抵抗感覚を、人文学の諸氏は示しておられるのではないかと思うのである。もっとも、こういう分析の仕方自体がサイエンスの思考法なのかも知れない。

とにかく、そういうサイエンスという西欧的所産の中核に、数学というものがあることについては、どなたにも異存がなかろうと思う。西欧の知の形成にとって、数学が果してきた役割の重さは、私共の想像を超える絶大なものであったように思われる。西欧というものに接して高々一五〇年の歴史しか持たない日本人には、その重さはどうにも量りようがないのである。それ故に、そのような数学という特異な営みが、そもそも何であったのか、ということを探求することには、多少の意味があろうかと思う。多くの人々にとって、存在せざりしがよかりしものを、と思わせる数学という文化的営みが、なぜ西欧、特に古典期ギリシアにおいて始まったのか、少しく考えてみたいのである。

参考引用文献
川田順造、一九八二、「文化を三角測量する目」『朝日ジャーナル』十一月九日号。

2　マテーマタの始まり

(1)　呪術的世界のただ中で

石川達三という小説家がいた。彼の出世作「結婚の生態」（新潮文庫）に、「数学」についての記述がある。この小説の主人公である小説家は、自分で考えた理想の結婚を実現しようと妻を教育する。「先ず、あらゆる意味で妻を賢明に育てること、そして女を賢明ならしめる第一の条件は正しい理屈に服するだけの心の冷静さをつくること、理性の力をもたせること、知的な光りをもってその心を照らすことであると、彼は考えていた。（そこで）彼は機会をみて数学を教えようと思った。これらは感情を全く拒んで冷静な理知をはたらかせることの練習になると信じたのである。数学の問題を解き得たとき、人は知的活動のよろこびを知る。その喜びこそがわれわれのあらゆる進歩の根本的な一要素だ。芸術という感性の世界にあってもこうした知的活動が大変に大きな部分をつとめていると思う。こういう意味からいえば女学校の教程のなかで数学が全く軽視されている現在の教育制度は、文部当局の根本的な軽薄さと認識不足とをしめしている。」かくして彼は妻に幾何学の教科書を与える。やがて妻はそれに熱中し始め、授乳しながらも幾何学の問題を解くようになる、という筋書きである。

女学校というのは、この小説の登場した昭和十一年ごろの学校制度で、いまの中学・高校一貫の女子校に相当する。石川の文部当局への批判が、現代にも通用するからおもしろいと思う。もっとも、ここにあらわれている石川の女性観には著者は同意できない。しかし、石川の数学観は一般性を持っているだろう。このようにみられている「数学」なるものが、どのようにして生まれたのか、そして、そういう石川の数学観に意味があるのか、これから順を追って考えてみたいと思う。

現代に生きている私たちは、文明の発達で、多かれ少なかれ科学的な考え方を身に付けている。あるいはものごとを合理的に考えようと努めている。それは教育の結果であるともいえる。しかし、人間の内奥には合理的に割り切れない不可思議な欲求が潜んでいることは否定できないと思う。別のことばでいえば、誰でも呪術的世界に全く無縁であるとは言い切れないのではないか。オカルト的な宗教集団に人々がまま引き寄せられてしまうのは、そういうことの徴《しるし》ではないかと思う。

近代科学は十七世紀のヨーロッパで発生した。では、そのヨーロッパでは、人々は常に科学的に物事を考えていたかというと、全く違う。人々の思いは、呪術的世界観で支配されていた。その徴が魔女狩りである。そもそも魔女狩りはキリスト教の異端審判から起った。イギリスのエリザベス一世の艦隊がアイルランドを攻めようとして、嵐に出会い、難破したとき、そのようになったのは魔女のせいだとして、多くの女性を魔女として殺したという。日本でも、平安朝以前には、有罪か無罪かの決定を占いによって決めたということが伝えられている。カゴの中に毒蛇をいれておき、容疑者の手をカゴのなかに入れさせ、かまれれば有罪としたというのである。

人間の力に余る自然の暴威を前にして、超人間的作用者（霊）の存在を信じ、その勝手気ままな怒り、喜びが自然現象の原因であると考える古代人の思考の特質は、「個別的」であるといえよう。それぞれの自然現象に、それぞれ異なる霊の働きを結びつけていた。世界はわけのわからない、個別的な、無秩序の世界であった。洋の東西を問わず、人々は呪術的世界に生きていた。これから見ようとする古典期ギリシャの時代も、非合理的な世界であった。そういう世界に、合理的思考という突然変異のようなことが起こったのである。

自然的人間は、もともとは非合理的である。そういう非合理的存在が、合理的にものごとを考え、身を処するようになるということは、大変なエネルギーを必要とすることなのである。非合理的であるということが自然であれば、合理的であろうとすることは、自然的なことへの抵抗なのである。合理的思考は、例外的思考なのだ。ではどうして人間は合理的世界を知るようになったのか。何事か特別のことが、人間の歴史に起こったのに違いない。

3 在って在るもの――存在の驚愕

現代の人々は「世界」ということについての驚きの感覚を失ってしまったかのようである。その原因は「時間感覚」と「距離感覚」を喪失したことにあるのかも知れない。それよりも「自己の存在感」の喪失に主な原因を見るべきかとも思う。「世界」と向き合うことを忘れた現代人は、古代人より進歩したというよりは、むしろ幼稚化してしまったのではないか。悠久の世界に想いを馳せるいとまを失った現代人には、古典期ギリシャのいわゆる「哲学者」と称された人々の言説に、何の感動も持たない。現代日本の大学生に、一般教養と称して、あの「哲学者」の言説のなにほどかを伝えることに、どのような意味があるのだろうか。しかし、そうであるだけに、現代人が忘れてしまった古代人の驚きを再体験することができれば、この時代の閉塞状況を突き破る精神のエネルギーをつかむことができるのかも知れない、という願いを禁じ得ない。

古典期ギリシャの「哲学者」とは、世界が在るということに先ずは驚いた人々であった。そのことを彼らは「存在への畏敬(タウマゼイン)」ということばとして残した。「哲学者」とは、「存在への畏敬」を「ことば」にした人々のことであるといってもよいであろう。

古典期ギリシャの植民地に生まれ、ミレトスで晩年を過ごしたと伝えられているターレス（紀元前六二四年―五四六年）はまさに世界の存在に驚愕し、その「ことあげ」に余念がなかった人物であった。伝説によれば、ターレスは紀元前五八五年五月二八日の日蝕を予言して、人々を驚かしたと言い伝えられている。「彼は空のみを眺めて足下の泉に気づかずに落ちた。ある女がこれを見てあざけっていうには、天に起ることだけを知って地にあることを知らない、と（プラトン『テアイテトス』）。」別の伝えによれば、泉に落ちたのではなく、崖から落ちて命を失ったのだそうである。これほどに宇宙に魂を吸い取られ、宇宙と一体化し、宇宙との「全一感覚」をもつことができたのは、ターレスが「世界の存在への畏敬」の想いにとらわれていたからであろうと思う。

ターレスはそもそもは貿易商人であったから、地上のことに無関心であったわけではない。商用のために当時の文化都市エジプトをしばしば訪れていた。そこでエジプトの神官からその文化を学んだのである。日蝕が予言できるほどの文化的基盤が、エジプトには蓄えられていたと考えられる。それがどれほどのものか、多くの数学史（村田・原・伊東、一九七五、伊東、一九九〇）が記述していることに、先ずは驚きを覚える。（もっともこの驚きと「存在の驚愕」とには距離がありそうである。）例えば、象形文字を用いた記数法の開発は紀元前三〇〇〇年にさかのぼると述べられている。その時代にすでに十万までの記数法を開拓していたという。私たちはごく当たり前に十進法で数を表現できるが、そのような記数法が確立するのは、ずっと後のことである。紀元前二〇〇〇年頃のものとされる有名なリンド・パピルスには、複雑な分数の計算が記録されている。また、台形の体積の計算法も記されていた。ターレスは影の長さからピラミッドの高さを測ったという伝説が伝えられている。

古代エジプトの数的知識の量よりは、古代バビロニア（同じく紀元前三〇〇〇年にさかのぼるが）のもののほうがはるかに膨大であった。古代バビロニアは楔形文字を用いて、六〇進法を開発していた。四則演算から開平、開立、指数計算まで具体的に例示した記録が残されている。さらに、現代のことばでいえば、2元2次連立方程式も解いていたのである。

エジプトの数学的知識もバビロニアのそれも、実用の必要から得られた膨大な経験的個別知識の集積であった。しかし、バビロニアには、日常的な範囲を超えて、遊びの要素が散見される。ここで個別知識の集積であることは、特に注意する必要がある。それぞれの知識の一般化というような発想は見られない。まして や、命題の論理的連鎖による「論証・証明」という思想は全く存在しない。なぜなら、経験に「論証・証明」の必要はないからである。あったのは計算法という技術である。しかし、その技術は神官たちの秘法として、統治の館に隔離されていたのである。

さて、話題はターレスに戻る。多くのエジプトの秘法的知識を体得したターレスは、エジプトの実利を超えて、それを「世界の存在への畏敬」に重ね合わせた。幾何学の証明における「重ね合わせ」の方法は、ターレスの創始であると伝えられている。「円は直径により二等分される。」という命題は、ターレスの発見とされる。彼はこれを「重ね合わせ」で示したという。円の直径を辺として第三の頂点が円周上にある三角形は必然的に直角三角形である、という命題はターレスが発見したとされる。

直径を底とするそのような三角形は無限にある。そのすべては直角三角形である。この事実を発見して、ターレスは驚愕した。彼は直ちに雄牛を犠牲として神殿に捧げたと伝えられる。彼はこの発見に「存在への畏敬」

を感じ取ったのであろう。無限にある三角形は万物流転の相を表す。森羅万象は生成し、消滅する。にもかかわらず、そこに変わらない相（すべては直角三角形という相）がある。ターレスが発見したのは、現代人が学校で強制されて記憶するような幾何学の一定理のことではない。一つとして定めない世界の現象を貫通して、なお変わらない永遠なる始原・アルケー、「在って在るもの」があることの言表を、この命題に託すことができたのである。というよりも、このような流転の中に不変を発見する経験が、あらゆる物事の根源、アルケーという思想に凝縮したというべきであろう。かくしてターレスの全身は宇宙との全一感の恍惚につつまれたのである（古東、一九九八）。

4　ロゴスの語らい

プラトンの著術『国家』の冒頭は次のように始まる（以下、田中美知太郎訳、一九六八、参照）。ある港町の女神の祭りに参詣しての帰り際に、ソクラテスは裕福な老人ケパロスの家に無理やりに立ち寄らされる。ケパロスは開口一番「このわたしには、肉体のほうの楽しみが少なくなっていくにつれて、それだけ〈ロゴスの語らい〉の願いと歓びが大きくなってきてね」と、ソクラテスにおもねる。彼には魂胆があった。得たりとソクラテスが問い返す。「あなたはもう詩人の言う〈老いというしきいにさしかかっている〉わけですね。それは人生のつらいときかどうか、聞かせてくれないかね。」「ゼウスに誓って」とケパロスは言う。「老人の多くは若いころの快楽がいまはないことを嘆く。そうしたことにかこつけては、老齢が自分たちの不幸の原因だと嘆く。しかし、わたくしにはそうは思えない。ソポクレスがいったように、愛欲から逃れさったことは、たとえてみれば、狂暴で猛々しい一人の暴君の手からやっと逃げおおせたようなものだからだからね。端正で自足することを知る人間ならば、老齢も苦にならない。」ソクラテスは感心した振りをして、さらにケパロスをそそのかしていう。「あなたがたくさんの財産をもっているから、そう考えるのではないか。」貧乏人のソクラテスにそういわれて、ケパロスはむかっときて、また譬えばなしで自説を補強する。「アテナイの有名な武将・政治家のテミストクレスに、田舎からきた男がけちをつけようとしてこういったよ。〈テミストクレスが名声を博しているのは、国のおかげだ。〉するとテミストクレスはこういったよ。〈たしかに、わたしがアテナイ人でなくて田舎者だったら、わたしの名声はない。君がアテナイ人だったとしても、できなかったようにね。〉

この譬えをそのまま使えば、こうなる。〈たしかに、わたくしが財産家でなくて貧乏人だったら、わたくしの自足はない。君が財産家だったとしても、自足できないようにね。〉

財産が原因ではないというケパロスにソクラテスは逆襲する。「あなたの財産で、相続分と自分で稼いだ分と、どちらが多いか。」ケパロスは答えて「祖父の財産を父は少なくしてしまったので、私は父から相続した以上にしました。」「(ソクラテス) 財産をつくる人は、富に執着するものですが。」「(ケパロス) そのとおり。」「(ソクラテス) 財産をもって一番よかったことは?」「(ケパロス) 人は死ななければならないと思うと、恐れや気づかいにせめられる。この世で不正を犯した者は死後の世界、ハデス (黄泉《よみ》) で罰を受けるという物語が、笑えなくなる。富があれば、神にお供えすべきものをしないままで、あるいは人に借金したままで、びくびくしながらあの世へ去るといったことがない。このことのためにこそ富は、正しさをわきまえる者にとって最大の効用をもつ、と言いたい。」「(ソクラテス) ご立派。ところで、〈正しさ〉ということが、借りたものを返すことと断定できるかね。正気の友人から武器を預かったとしよう。その後、友人が狂ってしまってから武器を返せ、と言ってきたら、武器を返すことが正しいと言えるか。」自分の高潔さをソクラテスに聞いてもらいたかったケパロスは、神に供え物をすることを口実に、息子にソクラテスとの議論を相続させて、照れ笑いしながら退場する。議論は「正義」とは何かを巡って展開し、人々の正義についての考えがことごとく矛盾をふくむことをソクラテスは暴露していく。私たちの「ファクション」は、正義とは何かを問うことから始まる。

5　アナロジーの一閃

プラトンの『国家』における論者の手法は、アナロジー・類比である。ケパロスもソクラテスもアナロジーを縦横に使いこなす。アナロジーの本質を了解することなくして、プラトンの言説を了解することはできない。アナロジーこそは古典期ギリシャの思想展開の方法である。その典型的な例をギリシャ悲劇に見ることができよう。

アナロジー思考の原形はA:B＝C:Dで表現される四項関係、「あたかもAがBする、ちょうどそのようにCがDする」である。ホメロスの全編にこの直接的な喩えの形式が溢れている。「アナロジーには、存在の連なりの中で、地位的にも構造的にも似たものどうしを結合させる側面がある。しかしアナロジーの真価はむしろ、他のすべての面で異なりつつもただ一点における類比的対照に成否を賭ける妙味にある。すなわち完全に同一でもなければ完全に異質でもない。その両極端の緊張が放つ一瞬間の放電効果こそアナロジーの真

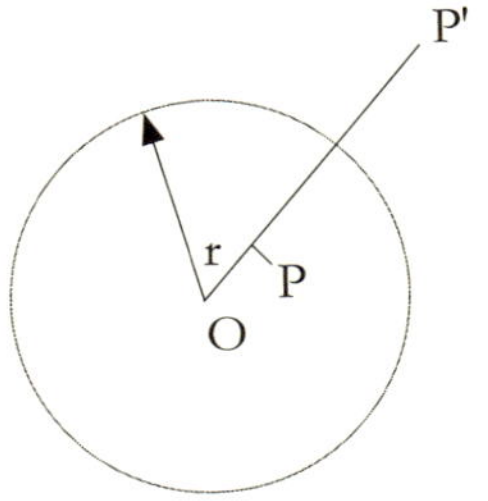

反転図

価に他ならない（五十嵐、一九八三、二〇三頁）。」

ホメロスの「イリアス」の一場面、ギリシャ軍の勇猛な武将アキレウスは、戦利品として連れ帰った絶世の美女を、総大将アガメムノンに奪われた怒りのゆえに、味方の戦況が不利にもかかわらず、引きこもって戦場に赴かない。激しい怒りのゆえに、というより人間世界のこの不条理に、アキレウスは自己を失っていた。その様を見て、アキレウスの親友パトロクロスはアキレウスの鎧兜に身を固め、アキレウスの身代わりとして敵陣に乗り込む。すわアキレウス出陣とばかり、敵軍は激しくアキレウスのアナロジーなるパトロクロスを攻め立て、ついにパトロクロスは討ち死にする。味方の必死の努力によって、パトロクロスの遺骸がアキレウスの眼前に横たえられた。その瞬間、無二の親友の壮絶な死というパトスによって、アキレウスは自失の状態から反転、自己超越の転機をつかみ、勇猛なる武将に再生する。アキレウス（A）に対するパトロクロス（B）の友情は、パトロクロスの戦死というパトスによって、パトロクロス（B）に対する再生のアキレウス（D）の友情に反転する。そのアナロジーのロゴスは

A：B＝B：D　すなわち、B・B＝A・D

である（五十嵐、前出、二〇五頁参照）。この事態を数学では「DはAの反転である」という。

（中心O、半径rの円があり、Oを始点とする半直線上に2点P、P'があり、OP×OP'＝r^2

であるとき、PをP'に写す操作をこの円に関する反転という。）

アキレウスは親友の身代わりの死という「パトス（情念）」において、「マトス（学び）」を獲得する。ロゴスなるアナロジーの力が人生にマトスをもたらすのである。このマトスの語が、マテーマタ（学ぶべきもの）、すなわち、今日のマセマティクス（Mathematics、数学：この漢字表現は適切ではない）なのである。マテーマタがなぜ数学なのか、この問いに答えることが本書のテーマの一つである。

参考引用文献

五十嵐一、一九八三、「知の連鎖」、勁草書房。
伊東俊太郎、一九九〇、『ギリシア人の数学』、講談社学術文庫。
古東哲明、一九九八、『現代思想としてのギリシア哲学』、講談社選書メチエ。
田中美知太郎訳、一九六九、プラトン『国家』、「世界の名著」、中央公論社。
村田・原・伊東、一九七五、『数学史』、筑摩書房。

II ロゴスの時代——ピュタゴラスの世界と現代

1 神秘的思想

現代は科学文明の時代といわれるが、その文明に陰りが見えはじめたことを、最近は多くの人が口にするようになってきた。そして、その反動としてであろうか、安易な神秘主義がときどき顔をのぞかせるのである。ところで、科学文明はいうまでもなく科学・技術（この両者は現代では不可分の関係にあるが）に基づく文明である。そもそも科学とは何であるか、この問に正面から答えることは極めて困難なことであろうが、ただ、この科学という西欧的知の中核に、先ほど述べたように、数学がかかわっていることは否定できない。そして数学という知の在り方の発生が古典期ギリシアにあるということも常識である。しかし、なぜ数学がギリシアにおいて発生したか、ということについては、事情はあまり明瞭とはいえない。ギリシアにおける数学の発生は、かなり特異な状況の下で起きたのであることは、「数学」というものが、他の諸文化に普遍的に見られるようなものでないことからも推測されよう。

ギリシアにおける数学の出自を尋ねると、おおよそいえることは、数学の発生がピュタゴラス（紀元前五七二年頃サモスで生れ、四九二年に南イタリアのクロトンで虐殺された）という人物で代表される一集団に本質的に依存していたのではないか、ということである。

この集団は密教的な宗教集団であって、神秘的思想を持っていたのであるが、そのような神秘主義的宗教集団が、数学の誕生に本質的役割を担っていたとは、合理主義の権化のように思われている現代の数学からは想像もできないことであろう。

しかし、別の角度から考えると、そのような事情は極めて自然なことであったともいえる。人類の始まりより以来、人間にとって最も根源的な問は何であったろうか。「人間はその頭上にある天に驚く。彼は生命に驚き、またそれにもまして死に驚異する。」（D・E スミス・今野訳、一九四四）死こそは人間にとって解かれるべき最大の謎であることは今も昔も変ることはない。それゆえに、あらゆることが、多かれ少なかれ宗教的なことがらにかかわるのは、ごく自然なことであった。

ピュタゴラス教団については多くのことが神秘のベールに包まれているのだが、通説によれば（金子武蔵、一九四八）、彼等の宗教思想はオルフェウス教団に酷似していたといわれる。そもそもギリシア人の宗教には二つの源があったとされている。一つは、あの万物の始源（アルケー）を求めたとされるイオニアの人々の宗教であって、そこではアルケーである水や空気が神々とされていた。このような神々（アポロン的神）は、人間のドロドロした事態とはかかわりない、まことに晴朗な神々であったが、晴朗にすぎて非人格的であり、人間を死の深淵に突き落すことに何の痛みも持たない。「ギリシア人の晴朗のかげにギリシア人の憂鬱があった」のである。

さて、一方のルーツを求めれば、そこにはディオニュソスの神の登場を見る。この神は自然の神であり、冬枯れの草木に生命をよみがえらせる神、その神との合一によって人間は死から飛翔して不滅の霊魂となるのである。ディオニュソスの祭が最高頂に達するとき、信者たちは狂乱し、犠牲に群がり、その生血をすすり、神人合一のエクスタシーに与ったといわれる。オルフェウス教はこのディオニュソスの宗教がイオニア的宗教によって、本来のバイタリティを喪失したことに対する宗教改革として登場したと伝えられているのである。

ピュタゴラス教団の宗教思想は、このオルフェウス教に似つつ、その主神はピュタゴラスがデロスからもたらしたアポロンの神であった。したがって、単純化していえば、ピュタゴラス教団の思想は合理と非合理を超える神秘的合一にあった。そして、始祖においてはその両面は矛盾的事態ではなかったと推測される。しかし、そのような事態が自然に持続したとは考えられない。自然の推移に任せれば、ピュタゴラス教団は早晩自己分裂を余儀なくされたことであろう。しかし、ピュタゴラス教団は紀元前五〇〇年頃から三〇〇年頃まで隆盛を極めたのである。その隆盛のもととなったのは、一つの特異な事件であったと言われる。それは教祖ピュタゴラスに「数」にかかわる啓示が与えられたことである。

2 数の秘密

音楽は人の魂を深くエクスタシーに誘うからであろうか、宗教と音楽はしばしば結びつく。特にピュタゴラス教団においては、音楽は魂を浄める手段（一種の精神療法）であった（波多野、一九三二）。あるときのこと、ピュタゴラスは何事か秘められていることが啓示されようとするときのおののきに耐え難く、村の中を歩きめぐっていた。彼の予感は、村の鍛冶屋の前を通りかかったときに、耳にした鎚の音に共鳴し増幅された。数人の工人が重い鎚を打ちおろしていたのだが、いくつかの鎚の音が重なって心地よく響くのを、霊感で鋭くされていたピュタゴラスの耳は聞き分けたのであった。ピュタゴラスは鍛冶屋を集めて互いの鎚を交換させて打たせてみたが、やはり心地よい響きをともなうのであった。響きは打ち方によるのではなく、鎚に固有な関係によるものであるらしいことを直観したピュタゴラスは、それぞれの鎚の重さを測らせてみた。鎚Aは12、Bは6、Cは8、Dは9であった。そしてCとBの鎚の音が調和し、またAとDも調和し、しかもそれぞれの鎚の重さの比は共に4対3（いわゆる4度）であった（原正幸、一九七九）。またAとCおよびDとBの鎚の音がそれぞれ調和していて、これらの場合の鎚の重さの比は共に3対2（いわゆる5度）であった。さらに、AとBの鎚の音もよく調和していて、この場合の鎚の重さの比は2対1（いわゆるオクターブ）であった。

この秘められていた事実に驚愕したピュタゴラスは、直ちに家にもどり、音の調和と数との関係を弦楽器などについても確認したのであった。彼の宗教にとって本質的な音楽の中に、数の秘密があったことの発見は、ピュタゴラスにとって啓示以外の何事でもなかった。音のハーモニーは感覚的世界にある人間を超越の世界へと飛翔させるシンボルである。ピュタゴラス教団のみならず、宗教の目標とするところは、人間存在としての究極である神人合一の極致、全一感のエクスタシーに到達することであった。そのシンボルである音のハーモニーが数の比に帰するということは、「数が世界である」という言表をピュタゴラス教団にもたらした。ピュタゴラスは瞑想（テオレマ、セオリー）のうちに数と世界とのかかわりを探り、数と数との奇しき関係を見出しては、感動に打たれ震えたことであろう。

3　数の神秘主義

数に神秘的思いを託する数の神秘主義は、ピュタゴラス教団だけがはじめたことではない。ただ、ピュタゴラス教団において数の神秘主義は極点に達したといえよう。伝説によれば、ピュタゴラスはエジプトをはじめとする当時の文化の中心地をめぐり歩いた。一説ではバビロニアから印度にまで足跡をしるしたとされている。それらの国々は数についての高度の文化をすでに持っていて、それらの多くをピュタゴラスは吸収してきたのであろう。もっとも、当時のエジプトやバビロニアの数についての諸知識はいわゆる「学」とはいえない。それらの諸知識は実利に深くかかわるものが主であって、個別的であった。しかし、個別的知識としては、かなり高度なものもあったようである。例えば、直角三角形の三辺についてのピュタゴラスの定理の内容は、すでに当時のバビロンの人々の知るところであった。もっとも、その「証明」はピュタゴラス派が後にするわけであって、そもそも証明という考え方は、バビロン人にはなかった。

数は数えるという人間の社会生活における基本的行動とのかかわりの中で形成されてきたものである。したがって、人類がはじめから名詞（数詞）としての数を用いたのではなかった。一つの、二つの、と形容詞としての用法からはじまったのである。それがどのようにして一、二、三と名詞化され、概念化されたのかは一つの謎であり、民族によって、文化によって、その事情は様々であろうと推測される。概念としての数が登場することは、文化的にも一つの大きな発展を意味する。したがって、数の概念化の過程は文化史的に極めて興味のある問題であろう。数の概念がない限り、あるのは、この数、あの数であって、数の法則性の世界に立ち入ることはできない。私共の生活にとって数にかかわる情報（予測）は極めて重要であるが、そのような情報は数の法則性に基づくものであるから、数が概念化されていることは、形容詞としての数のみの文化と比べ、全く異質であるといわざるを得ない。

数の概念化の契機として興味深いのは、バビロニアの場合である（R・L ワイルダー、一九八〇）。古代バビロニアにおける神々は星であり、それゆえにそこでは占星術が盛んであった。人々は星の運行の探求に人生を、そして世界を重ね合わせたのであろう。その頃、はじめは惑星として知られていたのは、木星と金星のみであったが、バビロニア人は天体観測の結果、合計七つの惑星を発見したのである。「星は運命を定める神々」であるから、新たな神々との出会いは、彼等にとって衝撃的な出来事であったに違いない。七つの神々が全世界を支配している、この「七つの」数に彼等は異常な注目を示し、彼等の思弁の体系の中で、この数が特別な位置を占めるに至り、「七つの」は別格として「七」と名詞化されたのであろう、というのである。数の概念化にも神秘思想が本質的に貢献した一例である。

とにかく、このような古代バビロニアあるいはエジプトにおける数についての神秘的思弁を、ピュタゴラスは伝承していたのであろうと思われる。

数に神秘的思想を託する古代人の考えは、言霊信仰に通ずるものでもあろう。原始社会においては、数は魔力を持つものとして、宗教的崇拝の対象にもなった。数は一種の神秘的な威力を持った実在として意識されたのである（三宅剛一、一九四〇）。

4　神々の数

バビロニアにおいては天体観測との関係で六十進法が発達していたが、それに関連して、六〇までのそれぞれの数は彼等の信ずる神々を表わしていた。それにならってか、ピュタゴラス教団においても、五〇までの数が神々に関係づけられていた（M・Pホール、一九七六）。

1（モナス）は多の否定性と単純性によってアポロンと名づけられ、ゼウスまたはプロメテウスともよばれた。2（デュアド）はゼウスの母レアと名づけられ、あるいはアルテミス、アフロディテなどとよばれている。そして、1は完全であり神であるがゆえに叡智であるが、2は無知の象徴である。それは聖なる1からはじめて分離したものであるからである。しかし、それは無知であるがゆえに、その本性、すなわち分けられることによって1、すなわち、すべての根元を生む。1は智慧であるがゆえに、2は智慧の母であり、認識である。ピュタゴラス派は1を聖とし、2を嫌う。1は男性であって、2は女性であり、2の力によって天上との対立が激化すると考えた。「2から論争と闘争が生まれ、この争いは2の間に1が持ちこまれて均衡が再び確立するまで続くのであるが、そのことをなし得るのは救世主である。この神は自らある数となって、人類の原罪のために2人の盗賊の間で十字架にかけられた。」これは、後の時代のピュタゴラス派の言説であろう。

そして、3（トリアド）はアルテミスであって思慮を表す。4（テトラド）はディオニュソスまたはヘルメスであって、感覚を表す、と考える。

さらに、2は女であり3は男であるから、2と3の和5は結婚を表す。あるいは、空間は点と線と面と体から成り立つから4であり、自然界は地、水、火、風、エーテル（空虚）の5元より成るから5であり、生命が6で理性は7、愛が8、そして10はすべてを含む完全なる数と考えたのである（後述参照）。

5　道徳と数

ピュタゴラス教団では、奇数と偶数の区別から論じはじめ、数を様々に分類した。しかし、その分類は、今日の数学的意図によったのではなく、彼等の神秘思想に動機づけられたものであり、その立場で彼等は数について夥しい思弁の跡を残している。それらの数学的結論はユークリッドの『原論』にも部分的に含まれている（ユークリッド、一九六六）。

奇数と偶数の立場からの数の分類とは別の分類法も彼等は考えていた。すなわち、「完全数」、「過多数」、「不足数」と分類する。ある数が完全数であるとは、その数の約数の総和がその数自身に等しいときをいう。例えば6はその約数1、2、3の総和に等しいから完全数である。これに対して、約数の総和が、自分自身を超えるものが過多数であり、超えないものが不足数である。24はその約数1、2、3、4、6、8、12の総和が36であるから、過多数である。14はその約数1、2、7の総和が10であるから不足数となる。

なぜこのような分類にピュタゴラス教団は興味をもったのであろうか。いうまでもなく、彼等はこのような分類がもつ神秘的意味に関心があったのである。完全数は過度と不足の中庸にある美徳を表わすものと考える。いわば、完全数についての議論は倫理学であった。完全数はあまり多くは存在しない。一万までの数の中で完全数は6, 28, 496, 8128の四個のみである。この事実は、徳は稀にしか発見できないことに対応する。それに対して過多数と不足数は無際限にあって、それらの数の間には一定の法則性はない。このことは悪徳の無規定性に対応する。偶数の完全数は、$M_p = 2^p - 1$が素数のときの$2^{p-1}M_p$に限ることは、近代になって証明されたことであるが、この形の数が完全数であることは、紀元前三〇〇年頃にはすでに知られている。（ユークリッド、一九六八、第九巻命題三六）

ある人がピュタゴラスに「友とはなにか」と質問したところ、ピュタゴラスは「220と284のようにもう一人の私である者」と答えたと伝えられている。その意味は、220の約数の総和が284になり、284の約数の総和が220になるということであった。このような関係にある二つの数を親和数という。ところで、人の名前をギリシア文字で書き表わしたとき、それぞれの文字は数（詞）でもあったから、人の名には数が対応する。グノーシスの神アブラクサスには数365が対応している、すなわち、この神はすべての時（一年、三六五日）を一身において表わしていると考えられた。そこで、名前の表わす数が互に親和数である者同士が結婚することは、理想的場合と考えられるのである。まことにこのような一対の数は神秘的であろう。これらの数の対を知ることは、ピュタゴラス教団の人々にとって宗教的至福ともいえることであった。彼等は数の本性と力とが、ただ神秘的なことがらのうちに働いているのを見るだけでなく、人間の業や言葉のうちにも働いているのを見ていたのである。

以上、ピュタゴラス教団の数に対する様々な思いの一端を紹介したが、それらは現代の私たちの目から見れば児戯にも等しいことのように思われる。しかし、彼等の思いはもっと深いようである。その事情の一端は彼等の図形数についての思弁を通しても推察できよう。ピュタゴラス派は、数に点を対応させ、点の集まりとしての延長が1の集まりとしての数に対応させられると考えた。例えば、1、3、6、10などを三角数とよんでいるが、それは下の図のような点の配置図によったものと思われる。(点の並びが正三角形を想わせる。)

三角数の中で特に10はテトラクテュスとよばれ、最も神聖な数とされた。すなわち、10は1、2、3、4の和で表わされるが、1が点を定め、2は(2点において)線を定め、3は(3点において)平面を定め、4は(4点において)体(空間)を定めるという、空間論の本質をすべて含む数であることに彼等は注目したのであろう。いわば、数が延長との対応において存在の位置づけを持っている、ということがピュタゴラス派の数論の本質的意義であったと思われる。

さらに加えて、テトラクテュスを構成する1、2、3、4の数は、ピュタゴラスの音階の啓示に登場する数であることも見逃すわけにはいかない。彼等の宗教的生活、それは彼等の生活のすべてであったが、その宗教生活と

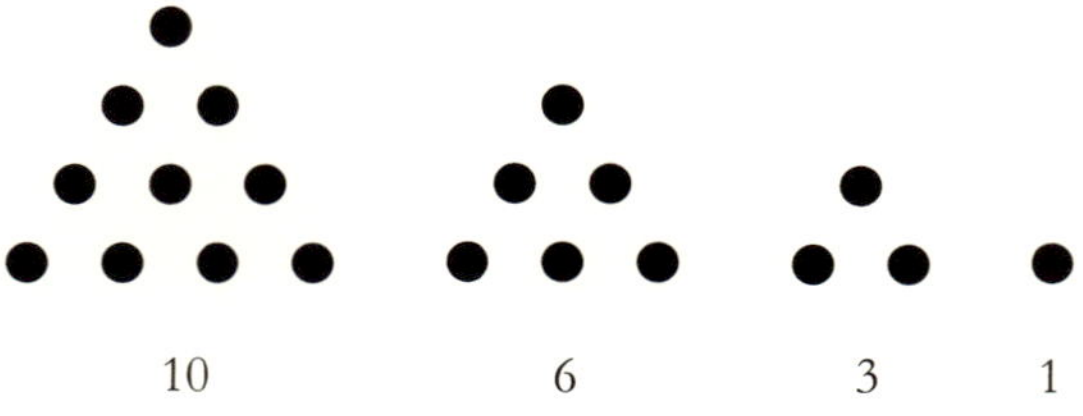

三角数

不可分のかかわりを持つ音楽の本質を示す数の発見と、空間の基本的構成にかかわる数とが同じであることは、彼等にとっていかばかりの驚きであったことであろう。私共のように悪しき教育によって何かを知ることと、驚きにおいて新しく知ることとの間には本質的差異がある。現代人は万能感に毒されて、驚きの感覚を喪失しているのではないだろうか。無感動とは非創造的であることの別名である。余計なことを述べたが、とにもかくにも、彼等はこの考えをさらに発展させて、「テトラクテュスはすべてを含む。それは万物を創り、秩序づける原因である」と考えるに至ったのである。そして、彼等は感動と法悦の只中で、テトラクテュスを聖なる数として受けとめた。ピュタゴラス教団の人々が誓いを立てるときに、「永遠なる自然の根源をそのうちにもつテトラクテュスを伝えたかの人（ピュタゴラス）にかけて」といったとのことであるが、10なるテトラクテュスはそれほどに厳粛に受けとめられていたのである。

テトラクテュスは聖であるがゆえに、それは真の存在でもあり、数が存在（数が主語）なのであった。ピュタゴラス教団が「万物は数である」といったとされているが、このような言説は、数に対する宗教的価値づけにおいてはじめて言い得たことであろう（中川、一九三九）。このテーゼは万物の真相を数において見る（数が述語化される）ことでは本来はなかった。かのミレトス学派が存在のアルケーを問い、例えば、万物は水からなるといい、自然を神としたことに、右のテーゼは対応するのであろう。数の元素がすべてのものの元素であり、全宇宙は数であると想定したのである（アリストテレス、一九六八）。注目すべきことは、その思考の幼稚さではなく、世界を言表しようと苦悩するピュタゴラス教団の、実に生々とした発想である。彼等にとって「言葉は精神の遊びではない」のであった。

すなわち、以上に述べたようなピュタゴラス教団における数についての諸々の神秘的思索は、彼等の宗教的営為に他ならなかった。彼等の宗教思想によれば、人間の魂は「運命の車輪」によって輪廻転生し、生と死との苦行を無限に繰り返している。この世界から魂が解脱することが彼等の宗教的目標である。そのためにこそオルフェウスに啓示されたカタルシス（浄め）の儀式と禁欲生活が要請されるのである。そして、このカタルシスと数についての神秘的思索が結合する。数は存在であるから、数の世界に分け入ることによって、彼等は世界の、そして人間の真相に与ることができる。真理の探求、すなわち、テオレマ（theory）によって彼等はカタルシスに達しようとする。しかして、テオレマは瞑想であり、奴隷の業（実利）から区別されるものである。いわば、いやしき実利の業から数を浄化することと、自らが浄化されることとを重ね合わせたのである。具体的な事柄から切り離され、知性によって数の根本原理（それは結局は定義に帰するが）に到達することが、テオレマの営み、すなわちマテーマタ（mathematics）であり、したがってそれは「学ばるべきこと」にほかならなかったのであった。

6　ハルモニア

そのようなピュタゴラス教団の数についての思索の中でとりわけ異色を放つのがモナス（モナド）論である。先ほど、ピュタゴラス教団が数の奇偶論に注目したことに触れたが、それは彼等がたまたま奇偶論に興味を持ったということではなく、より本質的な事情がそこにはかかわっていたのである。そのことを理解するためには、まず図形数である正方数と長方数について述べておかなければならない。つぎの図からわかるように、正方形に対応する数（正方数）は1、3、5、7…と奇数になる。それに対して長方形に対応す

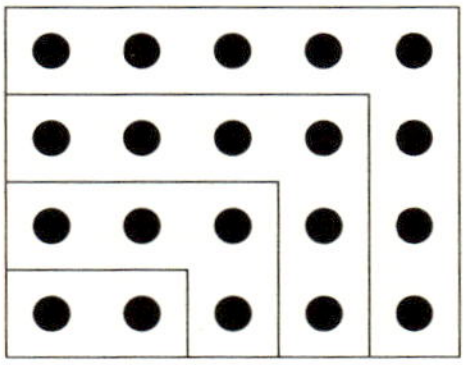

長方数

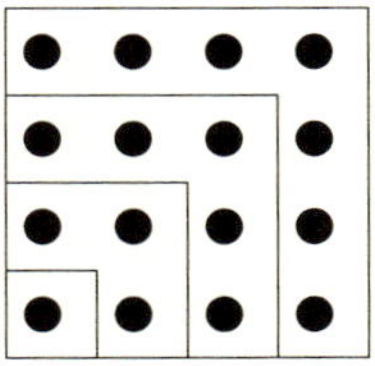

正方数

る数（長方数）は2、4、6、8、…と偶数になる。そして正方形が表わす正方形の辺の比は1対1で常に一定である（限定されている）のに対して、長方数が表わす長方形の辺の比は1対2、2対3、3対4、4対5となり定まらない（無限定である）と考えられる。すなわち、奇数は限定（ペラス、完全）であり、偶数は無限定（アペイロン、不完全）を示す。数の世界は奇数と偶数とから成ることは、世界の真相が限定なるものと無限定なるものとの同時的共存であることを示している。それではその共存とはいかなる事態であろうか。そこにピュタゴラスのかの啓示が深くかかわるのである。音楽におけるハーモニーとは何か。それは高い音と低い音という対立が存在しながら、それが対立をこえて一体となることである。そして、そのようなハーモニーの事態は、まさに数の比（ロゴス）であった、それがピュタゴラスのあの原初的啓示の内実であった。であるから、世界とはハルモニア（ハーモニー）であり、それは端的に数のロゴスである。ハルモニアこそ世界のロゴスなのである。さらに、このことは、音感という感覚的世界が超越的ロゴスと合一することを示すわけである。その合一がハルモニアである。そして、人間はこのハルモニアの法則に従っている。この法則によって肉体と魂が一つに結びつけられている。魂自体が数なのであって、魂は数を通して肉体に作用する。魂は1（叡智）と2（認識）と

3（思慮）と4（感覚）との結合であり、それはテトラクテュス（10）のハルモニアである（イヴァン・ゴブリ、一九七九）。

ピュタゴラスにおいては、「数は実在の本質であるがゆえに、それは感覚的世界を排除するものではない。数論的議論はいわば数論的形而上学であって、それはピュタゴラスにおける絶対的合理主義の実質であり、さらに、霊的世界の消息を表わすものでもある。」したがって、ピュタゴラスにおける数論的世界は、超越的世界と感覚的世界の接続媒介であり、絶対的合理主義が感覚的世界と親密に融合する実質、すなわちハルモニアの実質を示すものであった。ハルモニアは、完全の内にも不完全の内にも存在しない。それは両者を統一しかつ超越するロゴスなのである。

7　モナス

限定と不限定のハルモニアというピュタゴラスの思想は、さらに宇宙論として展開される（中川、一九三九）。彼はつぎのように考えた。宇宙の外側には無限の気息（いき、空虚）があって、世界は気息を吸って生きている。そして、世界の生成は一者（ト・ヘン）によって始まる。一者が生じると、この一者に最も近い無限定なものの一部分が吸いこまれて、この一者によって限定され、点すなわち数が生じるのである。（一者は中心火であり、天体であり、数は地球、太陽等を意味する、という説もある（金子、一九四八）)。数の一つ一つは限定である一者によって限られて生まれ、無限なる気息によって隔てられながら、一者を中心として散在し、全体としては同じ無限なる空間に囲まれて限られた世界、すなわちコスモスをなしていると考えられている。一者は一つの霊であり、それがコスモス全体に瀰漫《びまん》している。世界は数であり、数は一より始めて生成され、生成されたものの全体は数であるが故に全体としてコスモスであり、一より生成されているが故に一において統合されているのである。このようなピュタゴラスの思想の結晶がモナス（モナド）論であろう。

ユークリッドの原論第七巻の内容は数論であるが、その冒頭の定義においてつぎのように述べている。「モナス（単一、一性）とは存在するもののおのおのがそれによって一（ト・ヘン、一者）といわれるものである。そして「数とはモナス（複数形）からなる多である。」これらは明らかにさきに述べたピュタゴラス教団の思想を引き継いだものであろう。ピュタゴラス教団によれば、モナスとはあらゆるものを内に含む一者であり、すべての数の組み合せの総和、すなわち、数をして数たらしめている統一体を意味する。彼等はつぎのようにいう。一に奇数を加えれば偶数になり、一に偶数を加えれば奇数になるがゆえに、モナスは両性である。モナスなしにはいかなる数もあり得ないがゆえに、それは始めであって終りである。それは宇宙におけるあらゆる思念の始源であり、原初的一者であり、ハルモニアの構成者であるがゆえに、それは神であって、始めであり終りでありながら、それ自身は始めも終りもない（M・Pホール、一九七六）。「モナスは一をして一たらしめるもの、一性」と一気にいわれるべきものであって、その気迫こそが世界の根元を見るのであり、そのこと自体をして世界の全体を観照せしめるのである。宇宙の個々の部分も一つ一つはモナスによって限定されつつ、それらはモナスにおいて統合される。モナスは究極的でありつつ統一であり、分有されつつ全体である。まさに「一つの霊がコスモス全体に瀰漫している」のである。モナスという一点への思念の凝縮が全体を指し示すわけであるから、モナスという発想それ自体が全体であったのである。したがって、そこには、後で述べるような「連続の苦悩」は無かった。モナス論とは、死と生の矛盾の世界を超越するハルモニアの論理として、ピュタゴラスの宗教思想の根幹を占めていたに違いない。

8　ピュタゴラス教団の頽落

ピュタゴラス教団においては、そもそも数論はカタルシスとしてのマテーマタであったと述べたが、そのことは時代を経て意外な展開を見せることになる。すなわち、ピュタゴラス教団は、数を実利から切り離して抽象化し、やがて数そのものについての研究に深くのめりこんでいったのである。ユークリッドの原論の第9巻の命題21から36は奇偶論についての基本的な議論で、おそらくはピュタゴラス教団によるものと推測されているが、そこにはつぎのようにしるされている。「偶数を任意個加えても偶数である。」「偶数個の奇数の和は偶数である。」「奇数個の奇数の和は奇数である。」「偶数から偶数を引いた残りは偶数である。」「偶数から奇数を引いた残りは奇数である。」「奇数から奇数を引いた残りは偶数である。」（以下省略。）一読してわかるように、ここには、いわゆる数学が登場しているのである。もはや数の研究と人生の深刻な問題とは何のかかわりもない。数それ自身の自己法則的世界が展開されているに過ぎない。カタルシスの実質であった数の研究は、人間を浄化しないで、手段それ自体を浄化した。学の発生とはまさにかかる事態なのであった。

このような事態は、そもそものピュタゴラスの思想からすれば、明らかに変質であろう。現代的にいえば、あるもののシンボルが、シンボル化されるものに対して開き直り、自己運動をはじめたのである。ピュタゴラスにとっては、数は主語であったが、やがてそれは述語化されるのである。数は抽象化され、理念化される。ピュタゴラスにおける数は感覚的なものを引きずりながら、それを超えているのだが、後のピュタゴラス派においては、この緊張の消息が失われて、一面化が生じたと言えよう。

かくして、彼等は一つの難問に直面する。すなわち、このように抽象化された数は離散的であるが、そのような数の集合がいかにして延長を形成し得るのか。それ自身広がりを持たない不可分なものを複合して連続を作ることがどうして可能であるのか。（池田、一九七五）。彼等は「連続の苦悩」を引きずり出してしまったのである（注：池田真治、二〇〇四はつぎのように述べている。「連続体の迷宮」とは、「事物の究極的な要素は存在するのか」という問題に対し、物体的原子を主張する原子論者の仮説をとっても、また原子を拒絶し非物体的な単位を仮説としてとっても、連続体すなわち物体の合成を合理的に説明できない、というアポリアを指す）。

この連続の問題については、パルメニデスにはじまるエレア派のゼノンの逆理（次章参照）が有名であるが、このエレア派の攻撃に対して、亜流ピュタゴラス派は正面切って答えることができず、苦肉の策として、あの「万物は数である」というテーゼを、「万物は数にかたどる」と言い直すのである（中川、一九三九）。そして、理念化された数が再び感覚的なものへと回帰するが、そこにはもはやピュタゴラスの感覚的なものと超越的なものとのハルモニアの思想は見出せない。

9　仮説的演繹体系

ピュタゴラス教団の危機は別の面からも生じてきた。よく知られているように、直角三角形についてのピュタゴラスの定理（直角三角形の直角を挟む辺の2乗の和は、斜辺の2乗に等しい。）は、ピュタゴラス教団がはじめて証明したとされている。その証明の営みは教団のエートスへの強力な補強であったに違いない。ところが皮肉なことに、その定理自身が、無理数をひきずり出すことにより、教団の思想「万物は数である」と矛盾し対立することになった。

かくして、学的探求者の関心はやがて数論的立場から幾何学的立場へと移行をはじめ、数論の形成に対応して幾何学の形成が試みられた。その総決算が『ユークリッドの原論』であったといえよう。『原論』の成立は紀元前三〇〇年頃とされているが、ここに、いわゆる数学が鮮明な姿を見せたのである。

『ユークリッドの原論』については、次章において論ずるが、本章の論述にかかわる程度に、若干の付言をしておきたい（A・Kサボー、一九七八）。『原論』の第一巻はピュタゴラスの定理の完全な証明を目標として構成されている。そして、その冒頭に「点とは部分のないものである」という有名な定義がおかれている。さらに線の定義、図形の定義等が続き、つぎに、いわゆる公準、公理が前提されて、以下定義と公準、公理に基づいて論理的に命題の連鎖が展開されているのである。そして、その展開とは証明であり、その証明とは論理による前提への引き戻しという極めて特徴的な方法を実質とするものであった。『原論』のこのような展開の仕方を仮説的演繹体系と一言でいうのであるが、その含みは極めて複雑である。（この『原論』の方法がその後の西欧の知の形成においてどれほどの重みをもったかについては、われわれの想像をはるかにこえることであろう。）すなわち、そもそものピュタゴラス派における数論においては、定義から直ちに定理の証明へと続き、公準、公理という前提をその間におくということはなかったのである。（『原論』第七巻、本書六〇頁参照。）いいかえれば、ピュタゴラス派の数論は仮説的演繹体系ではなかったといってよいであろう。それがなぜ『原論』第一巻においては公準、公理を置く羽目になったのであろうか。実は、それこそエレア派の無限に関する逆説への弁証法的仕掛であった、という学説が最近提唱されている（A・Kサボー、一九七八、次章参照）。その説によれば、公準、公理は弁証法的意味合いのものであることになるから、原論を現代における仮説的演繹体系と直接的に同一視することには問題があるのである。にもかかわらず、それは仮説的体系に傾斜する必然性を内包していたといわざるを得ない。

10　ピュタゴラスの神秘思想の後代への影響

ピュタゴラスの神秘思想の後代への影響はここではとても論じ尽くせないが、例えば、キリスト教思想に深くピュタゴラスの思想が喰い込んでいて、新約聖書の中にすら多くの影響の跡を見出すことができるのである（山田、一九六八）。特に、プロティノスを経由してアウグスティヌスにその影響を見ることは、当然のことであろう。アウグスティヌスの『告白』に、「そして前者（一者）を、いわば無性の精神であるという意味でモナスとよび、後者（分裂）を…（4・15）」とあるが、これはピュタゴラスの思想が直接的に表れているところではないか。数えあげれば際限がないので、ここではこれ以上立ち入ることはしない。

11　『モナド論』

ピュタゴラスのモナスの思想は、大きく時代をへだてて、近代に登場するライプニッツ（一六四六〜一七一六）において復活する。すなわち、彼の晩年の作である『モナド論』はピュタゴラスの神秘思想を継承したものであるといわれている。

ライプニッツの時代の思想の特徴は、機械論的思惟であろう。すなわち、現実世界は単純要素からなる合成体であると考える。したがって、すべてのものをまず究極的要素に分析し、そして、それらの要素からの再構成として世界を認識しようというのであった。このような思惟は当然にも「連続の苦悩」に直面せざるを得ない。ライプニッツの思想はこの時代思想の超越にあったのであろうと思う。それゆえにライプニッツはピュタゴラスに回帰したのではないか。

周知のように、現代は科学・技術の時代といわれている。その科学・技術を根底から支えているのは数学、特に微分積分学（解析学）である。余談であるが、幕末の学徒佐久間象山は、数学なるものに接して、それを「究理学」と訳したそうである。さすがではないか。

「数学」とは、誤訳というべきではなかろうか。はじめにも述べたように、西欧の知の系譜とは数学の系譜でもある。象山はそこを見抜いたのであろうか。とにかく、数学がかかわるということは本質的なことなのである。近代において、数学、特に微分積分学の形成が西欧の知に与えた影響は極めて深いものがあると考えられる。その微分積分学の発祥はニュートンとライプニッツによるが、両者の発想には違いがあった。

ライプニッツ流の微分積分学を成立させている基本概念は「無限小」である。通俗的にいうと、無限小とは限りなく小さい実数であるが、それはゼロではなく、にもかかわらずそれは限りなく小さいからゼロである。ライプニッツはこのような無限小概念を駆使して彼独自の微分積分学を創始したのである。世人はこのような考えを容易には承認しないのであるが、その方法の生産性の実績を無視し得ず、やがてそのような考え方を合理化（数学化）して、はじめて許容するに至るのである。ライプニッツの無限小概念は「連続の苦悩」に対するライプニッツ流の解答ではなかったか。そしてそのようなライプニッツの思想、エートスはかのピュタゴラスの神秘思想によるのではないかと推測される。前に述べたように、ピュタゴラス自身の思想には「連続の苦悩」はなかったのであるが、ライプニッツはそれによって無限小のアポリアを克服していたのであろう。そして、ピュタゴラスの亜流が、「連続の苦悩」を、自らがエピゴーネンであるがゆえに、引き受けざるを得なかったように、近代解析学は超越を離れて無自覚的に「連続の苦悩」に引き据えられ、その苦悩を非超越的に解決しようとして、その歴史を刻むのである。いわば神秘思想を拒否する代償としての合理化の歩みが近代解析学の歴史ではなかったか。

最近に至っては、ライプニッツの無限小の理論それ自身すらも完全に数学的に論ずることが可能とされたといわれている（田村、一九八一）。その消息の一端をつぎに紹介してみよう。

ライプニッツによれば、宇宙 U はモナド M_s の集合であり、それぞれのモナド M_s は多なる微小表象（無限小）m_r^s の集合である。すなわち、$U=\{M_s\}$, $M_s=\{m_r^s\}$ ここに r,s は連続体（実数）濃度の指標である。宇宙の全モナドは下は「裸のモナド」から上は神を目指し、連続的階層を作っている、とライプニッツはいうが、そのことは指標 s の集合を実数体（数直線）R とすることによって表される。ここに実数体 R は完備順序体である。そして、完備とは実数体の連続構造を表現する概念である。すなわち、その連続構造の限りにおいてその世界は完結している、そういうような連続構造である。

ところで、実数 s はそれぞれの実在なる一を表すが、それがモナドとして見直される。モナドは一にして多である、とライプニッツはいったが、そのことはモナドに多が内在するのではなく、モナドは多を表出する一である、と解される。すなわち、それぞれのモナドは単一な実体（表象）であるが、そのモナドが多であるというアポリアは、一なるモナドの連続構造のレベルと、多が表出される連続構造のレベルの差として克服される。もう少し数学的に述べるとつぎのようになる。実数体 R の真の拡大（したがって実数の連続構造よりは高いレベルの連続構造をもつ）R^* を考え、これを超実数体という。超実数体は実数体を含む。すなわち、実数ではない要素、超実数を含む。その超実数の一つの種類に無限小超実数がある。そして、それぞれの実数 s に対しては、s との差が無限小であるような超実数（s の微小表象）が無限にあり、そのような超実数 m_r^s の集合がモナド Ms なのである。（たとえて言うならば、われわれの目は実数、すなわち実在しか見えないが、モナドの顕微鏡をかけて見ると、一つの実数（実在）には、それと無限小の差しかない超実数（微小表象）が無限に付随しているのが見える、ということである。）

そして、このように構成されたモナドについては、完全に同じものでないかぎり二つのモナドは互いに共通要素を持たないので、それぞれのモナドは一であり、その微小表象である超実数において多が表出されるのである。

さらにライプニッツによれば、それぞれのモナドは同一の宇宙全体をそれぞれの視点から表出し、それぞれのモナドは互いに表出し合っている、と言われる。このことは数学でいう同型ということにほかならない。すなわち、$U \cong Ms$, $Ms \cong Mt$

また、ライプニッツのモナド論には、「モナドにはそこを通って何かが出入りできるような窓はない」という有名な言葉があるが、その数学的表現は、「モナド Ms は非アルキメデス的である」ということになろう。ここに、Ms が非アルキメデス的とは、Ms の微小表象をいくら加えても別のモナド Mt にたどりつくことはない、ということである。

以上のようにして、あの極めて神秘的なライプニッツのモナド論は数学化されるのである。そう言ってよいであろうか。ライプニッツの神秘的思想は合理化されてしまったのであろうか。神秘とは未合理化の一形態にすぎないのであろうか。そうではなかろうと思う。数学的モナド論とはライプニッツの全思想の数学的はぎ取りではないだろうか。はぎとることによって「連続の苦悩」は隠蔽され、自足した世界がそこに現出する。かくして、数学は数学的に議論できることを議論するのである。合理化とは自らの枠組の中へ神秘をはぎとることではないか。一体、ほんものとは何であろうか。ほんものとは非合理を引きうける存在であり、合理化とはエピゴーネンの業であるといえば過言であろうか。

12　言表の苦悩

ピュタゴラスの想念は生ける超越との直接的交わりにおいてのみ成り立つところの直接的生そのものであった。そして、それこそが文化的営為の真の源泉であり根底であった。そしてまた、それゆえにそれらの営為が言外に求めて止まなかったものであった（金井、一九八二）。

しかし、エピゴーネンの業はさまざまなイデーを真の超越から切断し、それ自身を必然的に絶対化する。絶対化されたイデーはゆらぐことと無縁のように見える。にもかかわらず、イデーの衝迫は不安を生む。不安はイデーを超越に回帰せしめるのではなく、かえって実体へと向う。実体とのかかわりにおいて自己を安定的に位置づけようとするが、そこには苦悶がある、その苦悶とは、あの連続の苦悶にほかならない。超越を拒否して歩むものの必然としての苦悶のシンボルこそ、連続の苦悩の意味であろうか。およそ言表を試みる業はすべてこの苦悶を負わざるを得ないのである。

13　ハルモニアとロゴス

ピュタゴラス派は、モナスをプロメテウスにたとえたが、プロメテウスの火は両刃の剣である。ピュタゴラス派は彼等のロゴスの命運を予感していたのであろうか。生物学的知見によると、生体の調和とは、構成要素のそれぞれ（の細胞）が、それぞれに全能性を持ちながら、それを秘めていることにおいて成立しているのであるといわれる（風間、一九八二）。プロメテウスの火は、秘められたロゴスを明るみに引きずり出すべく機能するのであり、その事態はバベルの塔にも比すべきことであろう。ピュタゴラスのエピゴーネンに淵源をもつ科学は、ロゴスを求めてロゴスを見失うのである。

ハルモニアとは発想そのものが綜合であり超越である。ピュタゴラスは数をハルモニアのシンボルとして認識したのである。「数はすべてを一丸として、すべてを統一する。それはハルモニアだからである。」（イヴァン・ゴブリ、一九七九）。ハルモニアは完全の内に存在するのではない。さりとて、不完全の内に存在するのでもない。ハルモニアは霊的世界にのみ存在するのではない。さりとて、感覚的世界の中にのみ存在するのでもない。「感覚的世界と霊的世界、および天体と形而上学的存在の（ピュタゴラスにおけるあの）親密な融合の中にこそ、最も完全な調和を見なければならない。」（イヴァン・ゴブリ、一九七九）。「ハルモニアは完全と不完全を統一しかつ超越する。」そして「ハルモニアは世界そのものに先立っている」のである。ハルモニアは先在のロゴスであった。

ある神学者がいう。「旧約のバベルの塔の記事は新約の使徒行伝中のペンテコステの記事において完結している、と。」すなわち、バベルの塔において失われた一つの言（ロゴス）がキリストの霊において復活したのである、と語った。本来、「ロゴス」とは神への讃美である。ピュタゴラス以来数百年の歴史をもつロゴス思想を逆手にとって、老ヨハネが「初めにロゴスがおられた。ロゴスは神と共にあった。ロゴスは神であった（『ヨハネによる福音書』1-1）と言い切った、その気迫を私共は深い感動をもって受止めざるを得ないのである。

参考引用文献

アリストテレス、一九六八、『形而上学 1.5』岩波書店。

イヴァン・ゴブリ、一九七九、「ピュタゴラスの哲学」、『エピステーメー』。

A・Kサボー、一九七八、『ギリシャ数学の始源』玉川大学出版部。

D・Eスミス・今野武雄訳、一九四四、『数学史』紀元社。

M・Pホール、一九七六、「ピュタゴラスの数学」『エピステーメー』。

ユークリッド、一九六六、『ユークリッド原論』共立出版社。

R・Lワイルダー、一九八〇、『数学の文化人類学』海鳴社。

池田真治、二〇〇四、「ライプニッツの無限論と「連続体の迷宮」『哲学論叢』京都大学。

池田善昭、一九七五、『ライプッツの哲学の新解釈』南窓社。

風間晴子、一九八二、『人生と自然』ICU。

金井新二、一九八二、『神の思想の現代的展開』教文館。

金子武蔵、一九四八、『古代哲学』彰考書院。

川田殖、一九六七、「善のイデアの一面」『キリスト教と文化』一九六七年六月。

高橋三郎、一九八三、『ロマ書講義』山本書店。

田村祐三、一九八一、『数学の哲学』現代数学社。

中川清、一九三九、「ピュタゴラスとクセノファネス」『思想』

波多野精一、一九三二、『西洋宗教思想史』岩波書店。

原正幸、一九七九、「音楽とピュタゴラス」『エピステーメー』。

三宅剛一、一九四〇、『学の形成と自然的世界』弘文堂。

山田晶、一九六八、「教父アウグスティヌスと『告白』」『世界の名著』十四、中央公論社。

III 合理と非合理——ギリシア思想における数学

1 ロゴスの途

日本では、高等学校時代に生徒を理系と文系に分けてしまうが、その分け方の目じるしに数学の成績がよく用いられている。いわく、数学ができない者は文系、と言うのであるが、それは大変な誤解であろうと思う。ほんとうは、数学が得意な人は文系へ、と進路指導をすべきではないか。これは我田引水ではない。そういう状況は、日本の知性とヨーロッパの知性の差を表わしているのではないかとすら思う。以下が、数学の話のようにみえるが、著者の意図は、文系、理系の枠を超えたところにある。それは一言でいえば、ロゴス化（言葉化）の問題である。

旧約学者は、預言者における非合理的体験のロゴス化ということを問題にする。非合理的体験のロゴス化とは大変なことであろうと思う。あるいはギリシャ古典文学者は、タウマゼイン（感嘆）するとき距離を伴って対象を見る、という言い方をする。そして、そのようなことがプラトンのイデアの問題に接続するのだとも言う。その辺りの事情を、本章では、別の視点から探ってみたいと思う。

ギリシアにおける数学思想を語るとすれば、プラトンの思想に関係せざるを得ないであろう。プラトンのイデア探求の弁証、それは結局は善のイデアの探求の一点に帰するのであるが、その弁証に数学が深く関係していることに注目したい。

毒杯をまさにあおがんとするソクラテスを描いたプラトンの『パイドン』に、「次善の方法」とか、「ロゴスの途」あるいは「第二の航海」とよばれているくだりがある（95E-100E）。ソクラテスが魂の不死を論じて、自然学の不毛を論じ、「ぼくはロゴス（言論）の中に逃れて、そこに事物の真相をさぐるべきだと考えた」と言っているのがそれである（『プラトン全集』、川田、一九六七参照）。

そのロゴスの途の骨組は次のようになっている。それは感覚をもとにした直接的な把握を避けた理論的考察である。その内容は三つの手続きからなる。第一に、これこそ最も確かだと判定されるような命題を仮説として立てる。（ここで「命題」と訳されている言葉は「ロゴス」である）。その上、何であれこの仮説と一致するように思われる事柄は真であると決める。仮説と一致しないように思われるものは偽と決める。仮説から展開したことと事態とを照合する。その前提から出発して出てきたいろいろの帰結の間に矛盾があるかないかを調べる。そしてさきに立てた仮説そのものの根拠を説明しなければならないところにきたら、改めて先に立てた仮説よりも上位にくるべき前提の中で最善と思われるものを立て、それから再び展開して、最後にこ

ターレス　BC624?-546?	ソクラテス　BC470-399
ピュタゴラス　BC572-492	イソクラテス　BC436-338
クセノファネス　BC566?-?	プラトン　BC427-347
パルメニデス　BC515?-?	アリストテレス　BC384-322
ゼノン　BC490?-430?	ユークリッド　BC330?-275?

れで十分というものに到達するまでこの手続きをくりかえす。以上のような言論の在り方が「第二の航海」、「ロゴスの途」であるが、これは明らかに当時すでに成立していたと考えられる幾何学を下敷にした議論である。

その当時の数学についての代表的著作は、何と言っても『ユークリッドの原論』(原題は『原論(ストイケイア)』)であろう。つぎに示したものは『原論』冒頭の日本語訳である(中村他訳、一九七一)。この『原論』が成立したのは紀元前約三〇〇年頃と言われているが、その内容はユークリッド個人に帰するものではなく、当時のギリシア数学を集約したものであると言われている。その第一巻は、いわゆる古典幾何学であって、定義からはじまり、公準、共通概念(公理)が述べられ、それから、これらの前提を基にして論理的に命題がつぎつぎに証明されている。ここで特徴的なことは、証明ということにおいては、前提とそれらから論理的に導かれた命題以外のものは原理的には全く用いられていないことである。

第一巻

定義

1、点とは部分をもたないものである。
2、線とは幅のない長さである。
3、線の端は点である。
4、直線とはその上にある点について一様に横たわる線である。
5、面とは長さと幅のみをもつものである。
（略）
10、直線が直線の上に立てられて接角を互いに等しくするとき、等しい角の双方は直角であり、上に立つ直線はその下の直線に対して垂直とよばれる。
（略）
23、平行線とは、同一の平面上にあって、両方向に限りなく延長しても、いずれの方向においても互いに交わらない直線である。

公準（要請）

次のことが要請されているとせよ。
1、任意の点から任意の点へ直線をひくこと。
2、および有限直線を連続して1直線に延長すること。
3、および任意の点と距離（半径）とをもって円を描くこと。
4、およびすべての直角は互いに等しいこと。
5、および1直線が2直線に交わり同じ側の内側の和を2直角より小さくするならば、この2直線は限りな

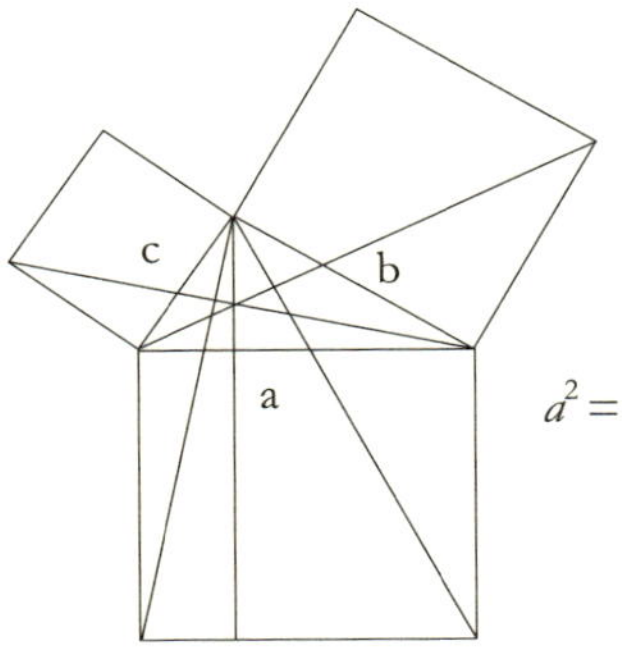

ピュタゴラスの定理の証明図

く延長されると2直角より小さい角のある側において交わること。

公理（共通概念）

1、同じものに等しいものはまた互いに等しい。
2、また等しいものに等しいものが加えられれば、全体は等しい。
3、また等しいものから等しいものがひかれれば、残りは等しい。
4、また不等なものに等しいものが加えられれば全体は不等である。
5、また同じものの2倍は互いに等しい。
6、また同じものの半分は互いに等しい。
7、また互いに重なり合うものは互いに等しい。
8、また全体は部分より大きい。
［9、また2線分は面積をかこまない。］

命題

1. 与えられた有限直線（線分）の上に等辺三角形をつくること。
（以下略）

ひとことで言うと、証明とは基本的前提への論理的還元である、と考えられていることが著しい特徴で、前提そのものについては真偽の議論は示されていない。

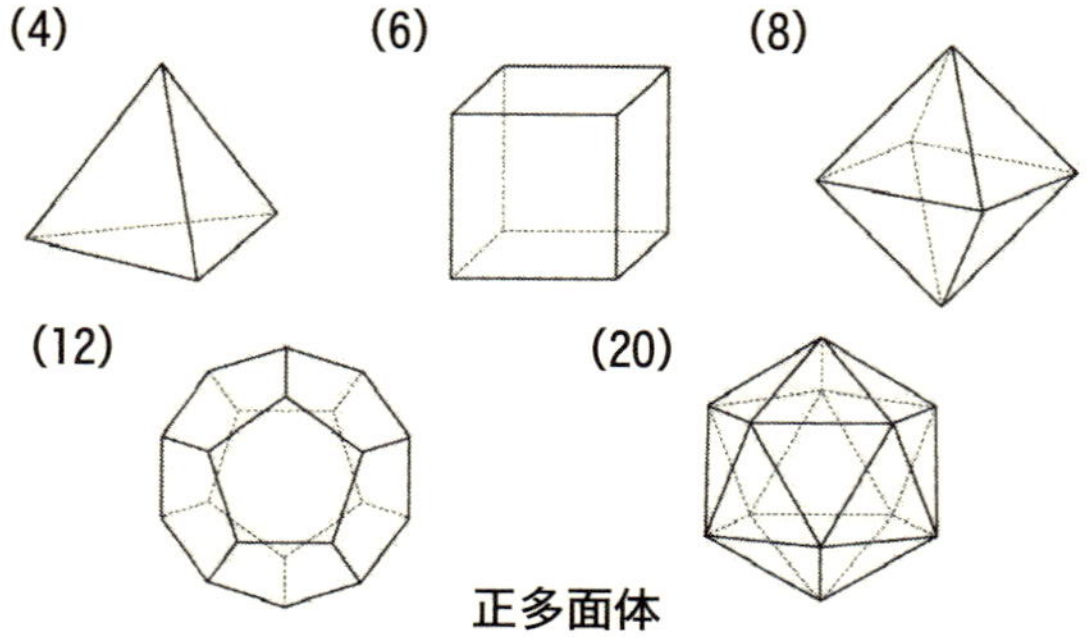

正多面体

さて、この第一巻の命題の連鎖は47、48番目で有名なピュタゴラスの定理を示して終わる（前頁図参照）。

第二巻から第六巻までは初等幾何学の議論が続いているが、第七巻以下は数論、第十二、十三巻は立体図形を論じ、最終結論は正多面体定理、すなわち等辺等角の正多角形を面にもついわゆる正多面体は、4、6、8、12、20面体の5種類しかないことを証明して、全巻を終わる。

プラトンの自然観、宇宙観が示されている『テイマイオス』に、正多面体定理が引用されている（53C-55C）。プラトンは宇宙の構成要素と考えた火、土、空気、水のそれぞれに正4面体、正6面体、正8面体、正20面体を割り当てている。正12面体（この場合は正5角形の面をもつ）が残されているが、これは「神が万有のために、そこにいろいろの絵を描くに際して用いた（55C）」と言っている。すなわち宇宙全体が正12面体に適用されているようである。さらに物体の生成を論じて、プラトンは言う。「それらのものの種（火、空気、水、土）の内部に、また違ったいくつかの種類が生じていることの原因としては、構成要素（となった三角形）双方が組み合わされたその構成法を挙げなければならない。」

ここに「構成要素」と訳されている語が「ストイケイア」で、『原論』と訳した言葉である。『ユークリッドの原論』（以下『原論』）は、その当時の宇宙論や世界観に深く係わっていたことが、この点からも推測されるであろう。『原論』は思想的なもので、現代人が数学について持っているイメージとは大分違うものであった。

さて、「第二の航海」に話を戻そう。そこで用いられている「仮説（ヒュポテーシス）」という言葉は「下に置かれたもの」という意味であるから、それは絶対的始源ではない。しかし、先ほど言ったように、ヒュポテーシスはロゴスである。ロゴスでありながら、それを絶対の始源とはしない。ここに緊張がある。

そもそも「ロゴス」というギリシア語は通常「言葉」と訳すが、日本語でただ「ことば」としたのでは言い尽くされていない含蓄がある。ロゴスは言葉であるから、それは、言葉を用いる能力、ひいては理性を意味する。そして、ギリシア人においては、ロゴスは比であり、比は数であり、数は実体であり、神であり、世界の一切を一挙に表すべき世界の理法、それがロゴスであったであろう。そういうロゴスを文字通りに下に置かれたものとして、いわば前進のための踏み台の如きものとして用い、万有の始源となるものを求めて進み、ついにヒュポテーシスならぬものに到り、いったんこの始源に到達したからには、逆にまたこの始源に連絡を持っている限りのものと連絡を保ちながらそのものの末尾にまで下降し、その間に感覚物は何一つ用いることなく、ただイデアだけを用い、イデアを通ってイデアに入り、そしてイデアに終る（『国家』511）。これがロゴスにおける考察としての次善の策、第二の航海である。つまり、真理の弁証法的探求の上昇と下降の二つの場面がそこでは語られているのである。第一の場面では、順次により高次の諸原理に昇って行き、第一原理である善のイデアを認識するまでは、それ以前の諸原理はたんなる仮説として位置づけられている。

そして、第一原理が獲得された瞬間から、それらの諸原理は仮説ではない高次の種類の知識をもつもの、すなわち第一原理から導き出されるべきものとなる。この上昇と下降を含む方法こそが、合理的知識の全分野にとって基本となるものになった。そして、そのような方法の可能性を『原論』のような数学の成立が示していたのであろう。

2 イデア

プラトンの「ロゴスの途」が究極的に目指すものは「善のイデア」であるが、ここで言う「イデア」とは何であろうか。「イデア」を直訳すれば「理念」とでも言うのであるが、ブラトンの言う「イデア」が現在用いられている「理念」というような言葉で説明し切れるか、大変に問題である。その辺の消息を幾何学の成立との関係において考えてみよう。

『原論』の形成にプラトンの思想が本質的にかかわっていたとする、いわゆるプラトン革命説はひところ通説であったが、現在では支持する人は少なくなっている。しかし、プラトンと『原論』との関係は相当に深かったのではなかったかと思われる。例えば、点の定義にしても、プラトンは『原論』と同じようなことを言っている。『原論』では「点とは部分をもたないものである」と言うが（定義1）、ブラトンは「一（者）には部分がない（「パルメニデス」、137C）」と述べている。この一（者）を点と読めば、『原論』の定義になろう。言うまでもなく、幾何学の対象は感覚的なものと言うよりは、理念的なものと理解される。そういう理念的なものがプラトンにおいては「イデア」として論じられているとすれば、プラトンが点について述べていることは、「点のイデア」について述べていることと考えられる。したがって、プラトンが『原論』の形成に深いかかわりを持っていたことを前提にすれば、『原論』の定義とは、イデアである幾何学的対象についての叙述であった、と考えられる。『原論』における「点」とは「点」のイデアのことである。「直線」とは「直線のイデア」のことである、と考えられよう。それではイデアとは何か、ということになる。現代の言葉では理念であり、あるいは概念に対応するものがイデアとよばれているが、理念とか概念ということでは説明し切れないことがイデア論にはあるように思われる。

プラトンは世界が二つの領域からなるものと考えた。一つは感覚的なものの領域、他は知性的、論理的実在とも言うべきものの領域である。（このように簡単には言い切れないが、不十分な点は後で補足することにする。）ここで「論理的実在」と妙な言葉を使ったが、当時のギリシア人にとっては、論理的に支持されるものが実在である。真実性とは感覚的に示されるようなものではなく、むしろ論理的思考によって捉えられるものである、というような感覚が強くあったと思われる。そういう論理的実在としてイデアが考えられていたのだ、と一応は言えよう。

プラトンは次のように説明している。「同じ名前をくっつける多くのものを一まとめにして、それぞれのものにそれぞれ唯一の何かともかく或る一つのイデアを措定するのが常だ（『国家』596）」。この言葉を現代風に言うと、それぞれのものAとBとCとかがすべて「Yである」ならばそれらすべて（多）が同じように関係づけられるところのY性というものが存在する。このY性がイデア（一）である（ヴェドベリ、一九七五参照）。すなわち、「多の上に立つ一」がイデアである、と言うのである。

さらに、プラトンはつぎのようにも言う。「美しいものはすべて美によって美しくあらしめられているのだ（『パイドン』、100D）。」この言葉も現代風に言うと、「AがYである」と言うとき、そう言い得るのはY性（イデア）が存在するからである、となる。これは「イデアの分有」、すなわち、「一の多化」であると考えられる。「多の上に立つ一」は存在論的に、「一の多化」は意味論的にイデアを示すのである。

イデアは感覚的なものではない。主語―述語における述語として表れてくるような言葉によって指し示されるところの理念的な存在である。イデアは多の上に立つ一、本質的に単一な実体であるとされる。そしてまた、イデアはそれを分有する諸対象のなかの一つではない。「分けもっているもののほうを、もとのもの自体であると考えたりなどしない（『国家』476C-D）」のである。

ところで、幾何学についてプラトンはいろいろな箇所で論じている。「幾何学はもろもろのダイアグラムを作るのではなく、すでに存在している実在を見つける（「エゥチュデモス」、二九〇）」のであるから、幾何学を学ぶものが真に関心を持つものは、彼の描く諸々の図形のうちにはないと言っている。幾何学者が研究するものは彼によって発見される実在であって、作られるものではない。したがって、幾何学の真理性は感覚的経験から帰納されることによるのではなく、上からのぞむものである。幾何学の対象はそれゆえにイデアであって、それについての知識は先験的なものであり、想起されるのである、とプラトンは考えた。『メノン』にこの想起説を例証する有名な話がある（82B-85B）。

無学な男に図を用いながら一つの正方形の二倍の面積を持つ正方形を認識させる話である。全く無学な者にもそれが可能であることは、先天的に与えられていることを想起しているからにほかならない。それはまさにイデア的実体の発見である。というわけで、幾何学の諸対象はイデアであると主張される。

ここで注意しなければならないことは、幾何学を学ぶ者は砂や羊皮紙に描かれた図を用いながら、それを超えたことを考えていることである。すなわち感覚的なものによって刺激されることを通して、先験的なことを考えている。しかし、イデアは抽象的思考によってのみ理解されるのであり、感覚的なものの一部でない。「幾何学が知ろうとするものは、つねにあるもののそれであって、生成したり亡び去ったりするものの認識のためではない（『国家』526C-527B）」。だから幾何学を学ぶものが「線分を延長する」とか「正方形を作る」とか言うのは滑稽であるとプラトンは言う。「線分は永遠に存在するより大なる直線の部分として存在する」と言うべきなのである。「幾何学で考えるのは絶対的な正方形の絶対的な対角線なのである（『国家』52）」。したがって、幾何学の諸対象はイデアであると言えるのである。

3　幾何学の中間性

幾何学の諸対象がイデアであるとすれば、それは先験的なものであって、感覚的なものとは関係がないことになるが、その辺りは大変に微妙である。『原論』における直線の定義は「その上の点に対して一様に横たわる線（定義４）」となっている。プラトンは「直線とはその真中が両端の前方にあるところのもの（『パルメニデス』137E）と言う。これは明らかに視覚的な表現である。すなわち、プラトンにおける幾何学の対象は感覚的なものと密接に関連している、と言わねばならない。幾何学は砂の上に描かれた図形を頼りにしつつ、描かれた図形が表している事柄について考えている。幾何学者が描く図形はそれ自体としては一つの実物で影を持つものであるが、しかし幾何学者は「この実物を、また別の立場から似像（にすがた）として取り扱い、感覚を用いず、思考（間接知）によらなければ見ることのできないような、かのものを、それ自体として見ようと求めている(「国家」510E-511A)のである。結局、幾何学は感覚的なものを手がかりとしつつ、それを超えたイデア的なものを対象にしている。幾何学的対象はイデアと言うよりはイデア的なものと言うべきである。幾何学はそれ故、絶対知に対して中間的であることになる。

いま、存在論的に幾何学は中間的だ、と言ったが、方法論的にも幾何学は中間的だと言わざるを得ない。「幾何学はいくぶん実在に触れるところがある」と言いつつ、幾何学は「実在について夢みることはしても、基本の仮定を用いるにあたって、それについて説明を与えることができないでいる(「国家」533)」と述べている。ここで言う基本の仮定とは、幾何学における対象である点、直線、円などは与えられたものとして仮定し、それ以上は「始元にさかのぼって考察をすることはない(「国家」52)ことを指している。そして、幾何学者の知的状態は「思いなしと直知との中間にある間接知である(「国家」52D)」と述べている。すなわち、幾何学の対象を「下に置かれたもの(仮説)」としているので、それらを永遠的な実在(イデア)と言い切ることはできない。「感覚によらずに思考(間接悟性知)を用いて考察はするが、始元にさかのぼって考察するわけではない」から、結局、幾何学においては存在の究極的始源まで上昇して、それを直知(直覚)することはない、と言っている。このように幾何学の対象がイデアであると断言し切れないことは、ユークリッドの『原論』の性格までも規定していると言えよう。

ここで大変に興味のあることは、幾何学のこのような中間性が、イデア界を弁証する、幾何学が接続媒介としてイデア界を弁証することである。「哲学する者にとっては、生成界から脱け出て実在界(有)に触れなければならぬがゆえに、数学が必要となる(「国家」525)」とプラトンは言うのである。

すなわち、「(数学の学習は)魂そのものを、生成するものから真実なるもの、実在するものへと転換させることが最も容易におこなわれるためのもの」（「国家」525C）なのである。「おそらく数学は、知をはたらかせるように導くのが本来であるという、われわれの求めている種類の一つなのかも知れぬということだ、…これこそ、まったく有（実在）へと引っぱってゆくもの（「国家」523A）なのだ。幾何学以外に魂をして上方を見させるものはない（「国家」529B）」とプラトンは主張するのである。したがって、点のイデア、直線のイデア、円のイデアに気づくようになる過程が「すべての場合に押しひろげて了解する力（「第七書簡」342A-343E）」となるのであろう。感覚的なもの（内在）を手がかりとしつつ、それを超えるもの（超越）を指し示す幾何学こそは、超越と内在のロゴス化であると言えるのではないだろうか。このようにして、始めに引用した「第二の航海」であるロゴスの途の可能性は、幾何学が成立していることのうちに暗示されていたのであろうと推認される。

4　線分の比喩

以上のような消息を明示するのが「国家」に出ている「線分の比喩」（509-510 533-534）である。先ず第一に、世界は縦に描かれた線分ABで表される。この線分を点Cで内分し、下方のACより上方のCBの方を大きくとる。この下の世界ACは見られるものの世界（可視界）と言われ、上の世界CBは知られるものの世界（可知界、知性界）と言う。プラトンは可視界は眼球（ホラトス）の世界であるのに対して、可知界は天球（ウラノス）であると、語呂合せをやって、これは冗談だと言っている（「国家」509）。可視界と可知界は、それぞれ、さらに内分される。一番下に来るADを映像（似像、にすがた）の世界と言う。物の影とか、水に映る映像な

線分の比喩

どの領域である。そして、次のDCが「映像が似ている当のもの」、感覚的な実物の領域であるとする。

　可視界をこのように分けることは明確・不明確の差を表すのであって、その分れかたの比が可視界と可知界の比に等しくなる。すなわち、「思いこまれるもの（AC）」の「認識されるもの（CB）」に対する関係は、「似せられたもの（AD）」の原物（DC）に対する関係であると主張される。さらに可知界CBは、前の比に等しく点Eで内分される。すなわち、実物とその影との明確・不明確の差をアナロジーにして、イデア界（無仮説の領域）EBと数学界（仮説の領域）CEの明確・不明確の差を内分する点Eにおいて表す。そして数学の領域においては、前提を始元へさかのぼらせるのではなくて、逆に結尾の方に進行するのに対して、イデアの領域では、仮説から出発しながら、無仮説の始元へさかのぼる行き方をする、その差が点Eにおける内分によって表されるのである。ここでCEとEBの比がADとDCの比に等しいことは、影に対する実物の関係が、数学に対するイデア界の関係を指し示している、すなわち、数学はイデア界の似像であることを語ろうとしているのである。ここで特に注意したいことは、実物と影、イデア界と数学界、可知界と可視界という分類は機械的なものではないことである。それぞれの領域の間の比例関係を示す次の式

実物／影＝イデア／数学＝可知界／可視界

は分類の構造なのである。緊張関係を象徴しているようである。最上端Bには完全なる光があり、最下端Aは真暗である。そして、下から上に昇るにつれて闇は次第に光に転じていく、そのように世界が観照されているのである。(ここで光の明暗が連続的に転じていくと言えるかどうかは、これもまた微妙なことであるが、ここではその問題には深入りしない。)

このようにして、可知界と可視界の比に応じて、すなわち実物と影の比に応じて、数学は可知界の中でイデア界に対して位置づけられる。すると数学的対象はイデアではなく、イデア的と言わざるを得ない。いわば数学は薄明の中にある。しかし、前にも述べたように、プラトンは数学的対象をイデアとも考えているのであるから、数学についての考え方は微妙にゆれていることになる。

幾何学的対象がイデアであるのか、そうでないのかという不明瞭さは、そのような数学を認識する精神能力の不明瞭さに照応している。言うまでもなく、認識対象は認識能力と照応し緊張しないわけにはいかない。プラトンも線分の比喩を対応する精神能力の立場から論じている(前図参照)。プラトンは、イデア、数学、実物、映像にそれぞれ知識、中間知、所信、虚実不詳を対応させ、それらの相互関係は線分の比喩における比にな

ぞらえる。そして、知識と中間知の和、すなわち可知界に対応する精神能力を知とし、あとの二つの和、すなわち可視界に対応するものを思いこみとする。そして、イデアには真知（直覚）を、実物には信念を、映像には幻覚を対応させるが、数学に対応するものは明瞭には示されていない。プラトンは知をさらに内分することについては、議論をしないと言う（「国家」534A）。

可視界が思いこみに対応することについては、例えば、可視界においては美しいものは見るけれども、美そのものは見るに至っていない事態であるから、それは思いこみである、と言う（「国家」479D-E）。しかし、中間知である数学がいかなる精神能力によるのかは明言されていない。

もっとも、中間知についてプラトンが全く論じてないわけではない。前に引用したが、「数学は魂を真実へと引っぱっていくものだ（「国家」527）」と。プラトンが言ったことは具体的にはどういうことか。それは感性的知覚それ自体の中に中間知（悟性）を呼び寄せる力があることを意味しているようである。そして、さらに、そのことのアナロジーにおいて、数学自体の中に魂をして「見えざるもの」、実在の世界を望見させる力があることを主張しているのではないだろうか。したがって、魂を真実へ引っぱるこの力、誘引力が中間知に対応するもののようだが、それについては明白ではない。

5　イデアのかげり

そもそもプラトンがイデアに触れているところを拾い出してみると、その言い方には大分かげりがある。前にも引用したが、「美しいものはすべて美によって美しくあらしめられている」と言い、「美のイデアによって美しく…」とは言わない。あるいは、「幾何学が知ろうとするものは、つねにあるもののそれであって、生成したり亡び去ったりするものの認識のためではない（「国家」526C-527B）と言う。プラトンは「イデア」とは言わず、「それであって」とか「それそのもの（「第七書簡」342-343）」というように遠廻しな表現をしばしば用いている。「何か美しいというのがそれ自体でそのものとしてあり、それは善にしても同じであり、その他のすべてにしても同様である（「パイドン」100B）」。ここでも「美それ自体」と言い、単純明快に「美のイデア」、「善のイデア」とは言わない。

「自身に即し、自身によって、自立する唯一の種として永遠に存在するもの（「シュムポシオン」211B）と述べて、それがイデアであるとは直接には言っていない。イデアという言葉を直接に用いることに一つの躊躇のようなものが感じられる。「それ自体」という言い方はそれ以上分析されることを拒否する響きがある。一挙に直覚されることを要求している。合理性が拒否されているようにも思われる。

プラトンにおける幾何学は中間知としてしか位置づけられていないが、ユークリッドの『原論』は後代においては絶対化されてしまう。幾何学の対象はまさに絶対的イデアであり、公準はそれらの対象についての究極的な前提、証明不可能なほど自明な命題として、始源とされるのである。それは明白にプラトンからの逸脱であると言ってよいであろう。

6　アロゴンなるもの

幾何学の中間性、それを接続媒介とするイデア弁証の不透明さの実質を、これまでとは異なる方向から考えてみよう。

ギリシア数学の領域は幾何学だけではない。もう一つの重要な領域は言うまでもなく数論である。ギリシアにおける数学的営みのはじまりは数論（自然数論）であった。いわゆる数論らしい数論はピュタゴラス教団から始まったと推測される。次に引用の文章は『ユークリッド原論』第七巻のはじめの部分の日本語訳（中村、一九七二）である。あとで述べるが、その定義の部分にも、ピュタゴラス教団の影響が色濃くにじみ出ている。いちいち紹介できないが、『原論』にはピュタゴラス教団の数論の結果が数多く含まれているようである。

（原論）第七巻

定義

1、単位とは存在するもののおのおのがそれによって一とよばれるものである。

2、数とは単位から成る多である。

3、小さい数が大きい数を割り切るとき、小さい数は大きい数の約数である。

4、割り切らないときには約数和である。

5、そして大きい数が小さい数によって割り切られるとき、大きい数は小さい数の倍数である。

6、偶数とは二等分される数である。

7、奇数とは二等分されない数、または偶数と単位だけ異なる数である。

（略）

23、完全数とは自分自身の約数の和に等しい数である。

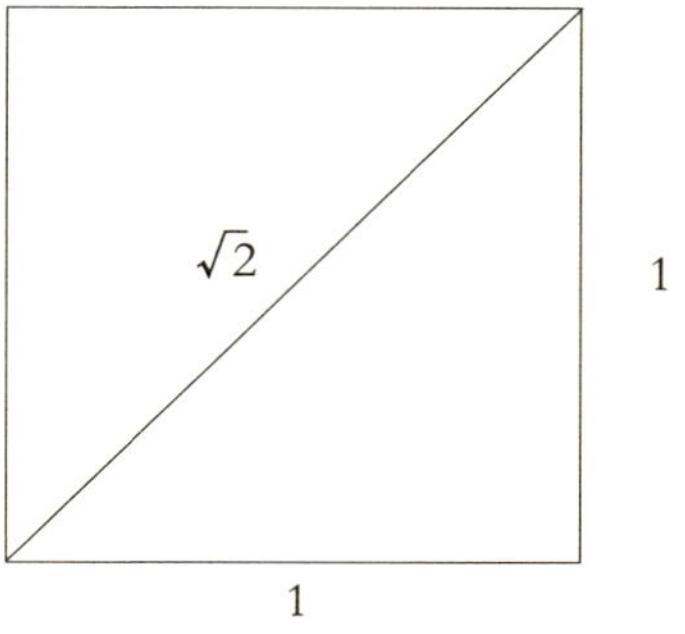

無理数 $\sqrt{2}$

【命題】

1. 二つの不等な数が定められ、常に大きい数から小さい数が引き去られるとき、もし単位が残されるまで、残された数が自分の前の数を割り切らないならば、最初の二数は互に素であろう。

（略）

ところがあのピュタゴラスの定理（原論第一巻最終定理、前章も参照）の発見によって、彼等の世界（自然数のみの世界）に無理量（数）が浸入してきた。いまでは無理数と言うが、当時の言葉では不通約量（アロゴンなるもの、口にできないもの）であった。自然数の比（ロゴス）では表せないものと言うことである。一辺が1である正方形の対角線の長さは、ピュタゴラスの定理により、$\sqrt{2}$となり、これが自然数の比では表せない。（上図）

ピュタゴラス派の人々にとっては、この発見、と言うよりは出会いは衝撃的な出来事であったに違いない。ピュタゴラスの世界においては、無理量（数）との出会いは、もの凄い驚愕であった。それは非合理であった。ロゴスなきものであった。

ピュタゴラス派の驚愕の実質とは何であろうか。言うまでもなく、自然数は単位1で量られる（「原論」第七巻の定義1と2）。自然数の世界で二つの数の比を考えることができるのは、それぞれの数が共通の単位1で数えられているからである。2量の間に共通の単位量があってはじめて両者の比が意味を持つ。2つのことがらに共通性(共約性)が全くないときには両者について関係（比）を考えることはできない。自然数のみの世界にあっては、$\sqrt{2}$ は共約性を持たず、定義不可能である。自然数によって定義可能であるためには、共通項が前提されなければならないが、それがない。にもかかわらず、$\sqrt{2}$は対角線として推論可能な範囲内にある、すなわち内在的である。しかし、それは無理量であるからロゴス(比)がなく、言表できない、ロゴス化不可能(アロゴン)である。「超越と内在」とはまさにかかる事態である。超越はその本質においてロゴス化を拒否する。にもかかわらず、それはロゴス化されねばならない。しかし、そのロゴス化は結局は内在を契機とせざるを得ない、あるいは、内在が超越のロゴス化への誘引力を秘めている、とでも言われなければならない。プラトンの線分の比喩における比とは、そういう力をも示すのであろう。(五十嵐、一九八三参照。)

大変に興味があるのは、$\sqrt{2}$ の非共約性はユークリッドの原論においては克服されていることである。すなわち、『原論』第十巻の定義（次頁）を見ると、平方したものが通約できる（自然数の比で表される）とき、それは有理（合理）であり、そうでないときは無理（非合理）であると考えている。これは超越が内在を契機としてロゴス化される事態を暗示していると言えないだろうか。

ピュタゴラス教団におけるアロゴン（非合理的）なるものはロゴス化される契機を内包していたと言えるのだが、ピュタゴラス教団はそれを自覚せず、非合理なるもの、ロゴスを持たざるものをアポリアとしたのである。しかし、アポリアは探求の出発点でもあった。とにかく、無理量（数）と出会ったときのピュタゴラス教団の驚愕は、超越のロゴス化の問題に深いかかわりがあったことをここで強調しておきたい。

（原論）第十巻
定義1
1、同じ尺度によって割り切られる量は通約できる量といわれ、いかなる共通な尺度ももちえない量は通約できない量といわれる。
2、二つの線分はそれらの上の正方形が同じ面積によって割り切られるときには、平方において通約でき、それらの上の正方形が共通な尺度としていかなる面積をももちえないときには通約できない。
3、これらのことが仮定されると次のことが証明される。すなわち定められた線分と長さにおいてのみ、あるいは平方においても通約できるおよび通約できない無数の線分がある。そこで定められた線分が有理とよばれるとし、それと長さと平方において、あるいは平方においてのみ通約できる線分が有理、それと通約できない線分が無理とよばれるとせよ。
（以下略）

7　イデア数の屈折

自然数はピュタゴラス教団のロゴスであったから（絹川、一九八四、前章）、数論のアポリアとは彼等の思想の挫折を意味する。そこでロゴスの根本的建て直しの場として、幾何学がやがて数論に代る位置を持つようになり、ユークリッドの『原論』が生れてくるのである。しかし、その過程においては、アポリアに直面したからと言って、数論が全く放棄されたのではない。幾何学が学として成立しているその根拠において、数論もまた学として再建されなければならない。幾何学の学としての根拠は、その対象がイデア（的）であることによる。とすれば、数もまたイデアとして認識されなければならない。自然数とはイデアであるか、数1はイデアであるか、数2はイデアであるかが問われなければならないわけである。

前に述べたように、イデアとは多の上に立つ一（者）であり、本質的に単一で不可分である。『原論』第七巻の定義1に、「単位とは存在するもののおのおのがそれによって1とよばれるものである」と書かれている。ものを数えるには1と言い得る単位がなければならないから、この1の定義は当然のこと、言わずもがなのことを述べているように思える。しかし、そこで「単位」と訳されている言葉は「モナス（モナド）」であり、それは「一性」とでも訳さなければならない言葉である。「モナスは一をして一たらしめるもの一性」と一気に言われなければならない。そして、定義2「数とは単位から成る多である」とは一の多化である。このような言明のそもそもの起源はピュタゴラスにあったと臆測するが、そのいわれはピュタゴラス教団のつぎのような言説にあるのである。すなわち、「モナスは一つの霊であり、それがコスモス全体に瀰漫している」。「モナスなしにはいかなる数もあり得ないがゆえに、それは始めであって終りである」。「モナスは宇宙におけるあらゆる思念の始源であり、原初的一者であり、ハルモニアの構成者であるがゆえに、それは神であって、始めであり終りでありながら、それ自身には始めも終りもない（M・Pホール、一九七六、絹川、一九八四）」。このようなピュタゴラス教団の言説を背景に持つのが、「原論」の第七巻定義1と2である。そして、直接的間接的にこのようなピュタゴラス教団の思想がプラトンの思想に影響を与えていることは言うまでもない。したがって、一性たるモナスはプラトンの言葉ではイデアなる一であろう。ところがここで難題が出てくる。2はイデアであるか。1と1とを加えたものが2であるから、2は分割可能である。もしも2がイデアであれば、それは単一な実体であるから分割不可能である。これは矛盾である。すなわち、2はイデアとは言えない。にもかかわらず、2が2である理由は、二性とでも言うべきイデアによっているのであると言わなければならない。

プラトンは次のように言う。「1に1を加えて2になったということは納得がいかない。1に1が加えられるとき、この加えるということが2の生じた原因であるとはいえない。個々のものが生じるのは、個々のものがそれを分かちもっている固有の本質にあずかることによってである。2になることの原因は2にあずかること以外にはない(「パイドン」101)。すなわち、プラトンは数論的数2と別にイデアである2を考えざるを得なくなっているのである(ヴェドペリ、一九七五)。

このようにして、数論の世界は絶対的イデアの世界そのものではないことになる。数論をイデア論に取り入れることは失敗であった。そういう事態は逆に幾何学をイデア界にとりこむことへのかげりともなる。というよりも、数学とはそういうかげりをもつところに、その本質的意味があると、プラトンは考えているのではないだろうか。幾何学、数学の中間性は、以上のような奥行をもった事態であることを語ったのであるが、実は、イデア論そのものがプラトンの思想全体の中では中間的なものに過ぎなかったのではなかろうか。

先ほど「原論」第七巻の定義に関連して、ピュタゴラスの言説を紹介したが、それを一読して、私たちはそこに神秘主義を感じないわけにはいかない。数論と神秘主義はそもそも不可分であった。そういう神秘主義と幾何学、そしてプラトンの思想とのかかわりにおいて、ことがらをもう少し掘り下げてみたい。

8 仮説化の起源

以上では幾何学というものの中間性をいわば存在論の視野の中で主に論じてきたと言えよう。そこで、こんどは方法論的な視点から事態を考察してみることにする。すでに「第二の航海」との関連で述べたように、方法論としては幾何学は仮説の領域に位置づけられるものであった。ユークリッドの『原論』における定義も公準、公理もすべて仮説（ヒュポテーシス）であるとプラトンは考えたことであろう。それらに続く議論のすべては定義・公準・公理のみに（原則として）準拠するのである。公理（共通概念）は一読して自明な前提である。公準も中世、近世、あるいは現代においても、自明な、自証的な前提であるとされ、それらの自証性のゆえに、それらに準拠する議論の総体である幾何学は絶対的に真とみなすようになった。しかし、そもそもプラトンにおいては、そのような絶対化が考えられていたのかどうかは、極めて微妙である。と言っても、プラトンにおいて幾何学が単純に相対化されていたのでもない。幾何学は一つしかなかったから、仮説はヒュポテーシスであったが、はじめにも言ったように、それはやはりロゴスであった。相対化のしようがあるわけではない。緊張をはらんでいるのである。だからユークリッドの公準は、現代的意味での単純な仮説ではない。しかし、それは絶対の始源でもない。そういう意味において幾何学は方法的に中間的である、ということである。しかし、よくよく考えてみると、公準、公理が自明な命題であるならば、そのような自明なことをなぜわざわざ明言しなければならなかったのだろうか。自明なことを敢えて明記するからには、特に理由がなければならない。

前に示した『原論』第一巻（幾何学）と第七巻（数論）の始めを比べてみよう。それらの間には顕著な相違がある。幾何学の体系の構成と数論の体系の構成には差がある。第一巻では定義、公準、公理、そして命題の連鎖へと続くのに対して、第七巻では、定義のつぎにいきなり命題が出てくる。数論においては幾何学におけるような公準、公理は要請されていない。歴史的順序としては、数論の体系化が幾何学に先行していたと考えられるが、前に述べたような事情で、数論から幾何学へ学の基礎づけが転換した。そのときに、数論では置かれなかった公準、公理が、なぜ幾何学の体系化において登場してきたのか、ここに一つの謎を感じないわけにはいかない。

ところで、公準（アイテーマタ）という言葉の意味合いは何か。実は、公準とは要請されること、という意味であって、極めて弁証法的色彩の強い言葉であった。すなわち、全く自明と思われる公準、公理でも敢えて議論の前提として仮説化されなければならない。すなわち、幾何学全体が弁証体系である。そういう意味では幾何学はプラトンのロゴスの途にほかならなかったと言えよう。それでは弁証の相手は何者であったのか。それは、あのエレア派であった、という主張が現れた（A・Kサボー、一九六七、一九七八）。

数論が無理量に直面してアポリアに陥ったとき、すでに数論は『原論』第七巻に見られるような体系として示されていたと考えられる。したがって、学の基底に数論に代えて幾何学を置こうとしたとき、数論にならって、そのように幾何学の体系化が試みられたに違いないわけであるから、自然にことが進められていたとすれば、幾何学も数論の場合のように定義から直ちに命題に入る、という構成が行われたはずであっただろう。事実、「点とは部分をもたないものである」とは数論の「単位とは存在するもののおのおのがそれによって一とよばれるものである。」に対応している。ピュタゴラス派では数1と点とを対応させていた。したがって、続く定義は、数論の第2定義「数とは単位からなる多である」とする単位の多化に即応して、幾何学における第二定義は「線とは点の多化（集合）である」と記述されなければならない。ところが、『原論』では「線とは幅のない長さである」といい、全く違った表し方をしている。それはなぜであろうか。理由は、線を点の多化とすることはできない、という主張があったからに違いない。そのような異論に対する弁証の影響が第2定義に表れているのではないだろうか。

それでは線、特に直線を点の多化（集り）と考えることに対する異論を提示していたのは誰か、ほかならぬエレア派であった、というのである。『原論』冒頭の定義からしてすでに、エレア派に対する弁証としてのヒュポテーシスであった。そして、『原論』第一巻の公準、公理はエレア派の論難に対する弁証法的仕掛であったのではないか、と最近は考えられているのである。そして、エレア派の論難はいわゆる「ゼノンの逆理」に基づいていたと推測されている。

ゼノンの逆理の第1は「運動不可能の逆理」、第2は「アキレスと亀の逆理」、第3は「飛ぶ矢の不動の逆理」、第4は「すれちがいの逆理」である（山川、一九九六）。

これらの逆理はすべて連続ということの核心にふれた議論である。ここでそれらのすべてを説明するゆとりはないが、第1の逆理についてだけ簡単に紹介しておきたい。アリストテレスの「自然学6-239」にはつぎのように書いてある。「運動するものは終点に着く前にその半分の地点に着かねばならない。この故に運動するものはない。」これだけではよく分からないが、通常はつぎのように理解されている。いまAからBに

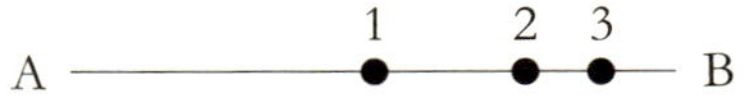

運動不可能の逆理

点が運動するとき、まずAとBとの中間点(1)を通過しなければならない。さらに、その点(1)とBの中間点(2)を通らねばならない。さらにその点(2)とBとの中間点(3)を通らねばならない。

　これでもよく分からないが、例えば次のように説明される。いまAからBに点が運動するとき、まずAとBとの中間点(1)を通過しなければならない、さらにその点(1)とBとの中間点(2)を通らねばならない。さらにその点(2)とBの中間点(3)を通らねばならない。このようにして限りなく続くから、結局、点はAよりBに到達できない、と言うのである。これでもまだよくわからない。なぜBに達することができないかを説明しなければならない。そこでつぎのように考えてみる。点(1)にきたときに瞬間的に「いち」と発音し、点(2)で「に」、点(3)で「さん」と発音し、次々に4、5、6…と発音するとすれば、AからBに到達するまでにすべての自然数をいい終らなければならないことになる。これは不可能だ（白石、一九五二）、と言うのである。

　ゼノンの逆理の本旨が何であるのか、議論のあるところだが、第一逆理は、点の多化としての線は無限分割を認めることになり、（連続的）運動はその関わりにおいて思惟不可能である、と理解されよう。ゼノンの逆理はすべて、運動の思惟不可能性に関係している。ところで、「原論」第一巻の公準1、2、3は作図可能性、すなわち、点の運動が関与する言明であるから、

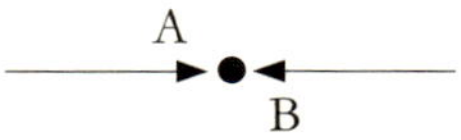

すれちがいの逆理

それらはエレア派に対する弁証法的仮説である、という主張は説得力がある。

さらにゼノンの第四逆理「すれちがいの逆理」を、現代風に言うと、つぎのようになる。

上図は原子Aと原子Bが●に向かって移動する図である。

このとき移動時間を、「時間の最小単位」だとしよう。だがこれは問題だ。AとBは同じ速度ですれ違っているわけだから、両者がすれ違いはじめてからすれ違い終わるまでの時間は、必ず「時間の最小単位の半分の時間」になる。原子Aが右方向に1単位時間移動する。同時に原子BもAと反対方向にAと同じ速さで1単位時間移動する。その際、AとBがすれ違う時間は、お互いに歩みよるから、半単位時間である。すなわち、1単位時間と半単位時間は等しい。ゼノンの第四逆理は、時間を瞬間（点）の集りと考えることから、「ある時間とその半分とが等しい」、すなわち、「部分が全体に等しい」ことが結論される仕組みになっている。すると『原論』の公理8、「全体は部分より大きい」は、ゼノンの第四逆理に対する弁証法的仮説であるという主張は見事に説明されたことになる。

さて、それでは公準4と5とはどういうことに対する弁証であろうか。第5公準は有名な平行線公準で、「1直線が2直線に交わり同じ側の内側の和を2直角より小さくするならば、この2直線は限りなく延長されると2直角より小さい角のある側において交わること」と記述されている。

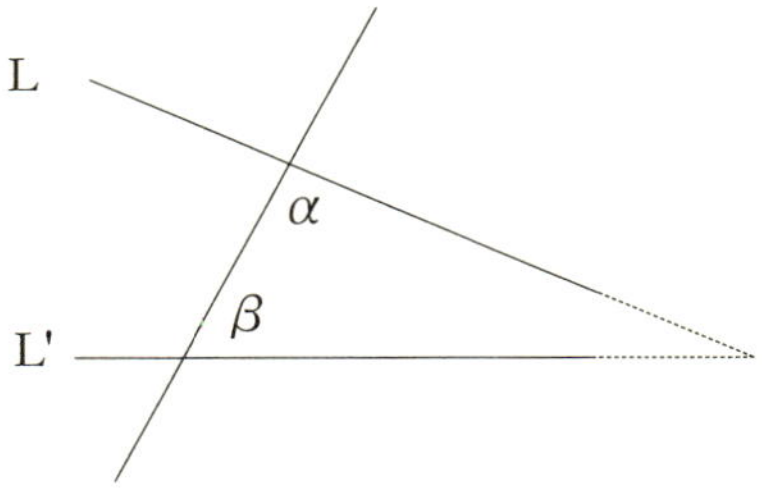

$$\alpha + \beta < 2R,\ R=90^\circ$$

第５公準

これを公準としたのは、おそらくは幾何学的技術上の問題からではなかったかと推測する（このことについては、本質的な事態がかかわっている（後節参照））。それでは第４公準「すべての直角は等しい」（一般化して、自同律「ＡはＡである」）とはどういうことに対する弁証が関係しているのだろうか。有名なヒースによる『原論』の註解（T.L. Heath, 1956）によると、第四公準によって直角の絶対性、したがって、角度の絶対単位が定まることを主張しているのだそうである。あるいは、ここにある直角と、あそこにある直角は同じであること、すなわち、図形の不変性、空間の等質性が主張されているのだとも説明されている。この考えから逆に、当時のギリシア人の空間についての直観は非等質的であったとも考えられる。非等質的であったからこそ、等質性を仮定しなければならなかったと理解することも可能であろう。しかし、このような説明によっても、第４公準の弁証法的性格が明らかになったとは言えない。そもそも議論の前提を仮説としておくという方法は、当時においては異常な態度であったと言わなければならない。特異な思考形式であって、いまだ一般性を獲得してはいないのであるから、特異思考をうながす特別の事態が介在していなければならない。

それでは、第４公準を仮説とせざるを得なかった特別の事態とは何であったのか。

そもそもゼノンの第一逆理は「二分割の逆説」である。直線という一なるものが点に分割される、「一の多化」が矛盾を導くことが問題なのである。連続な直線（空間）は無限分割を許容することにおいて矛盾を露呈する、ということは、連続なるものは二分割思想では思惟不可能、ロゴス化不可能であるということである。そうすると、ゼノンの逆理とは、二分割思想、したがって「一の多化」思想への批判である、と考えられよう。

ところで、この「二分割」とか「一の多化」とかいう思想は、そもそもはピュタゴラス派の思想であったと考えられる。『原論』第九巻には奇数、偶数についての基本的議論が収録されているが、これはピュタゴラス派の議論であったとされているところである（前章）。この奇偶論の背景には二分割思想があったと考えられる。また、『原論』第七巻の定義1「単位とは…」は「モナスとは…」と読まれることはすでに述べた。すなわち、『原論』の定義はピュタゴラス教団のモナド論の残映であったと考えられる。ここで一つの仮説を立てるとすれば、ゼノンの逆理、すなわち、エレア派の思想の焦点はピュタゴラス教団における思想、数学化した思想の頽落の批判にあったのではないか。そして、その視点から、第4公準の弁証法的性格が明らかにされるのではないか、と考えよう。そして、そのことを理解するためには、エレア派の思想、そしてピュタゴラスの思想そのものを探求しなくてはならない。

（注）ターレスの「重ね合わせ」の方法は、『原論』において重要な方法であることは前に述べたが、このことも自同律にかかわる。自同律が承認されなければ原論は成立しない。

9　「全即一」の頽落

ピュタゴラス教団の宗教思想はオルフエウス教の影響を深く受けていたと言われている。そして、オルフェウス教の源にはディオニュソスの神があった。これはギリシア人にとっては異邦の、極めて原始的な宗教であって、その宗教の中核は「ディオニュソスの狂乱」と言われるものであった。それは祭儀の極致とも言えることで、その情景は次のように描写されている（井筒、一九七八）。「蕭索たる（しゅくさくたる、物寂しい）深夜、あやめもわかぬ漆黒の闇の中を、手に手に炎々と燃えさかる炬火をふりかざした女達が、髪をおどろに振りみだし、狂乱の姿ものすごく、異様な叫声を発しながら騒擾の音楽に合せ、嵐のごとく舞いくるう。彼女らの踏みしめる足音と、夜のしじまをつんざいて飛響する恐ろしい狂馮の叫喚に、山野は鳴動し、木々も不思談な法悦の共感に包まれておののき慄える。かくて信徒の狂乱陶酔はいよいよ激しく、いよいよ凄じく、その熱情の奔流はあらゆるものを異常な緊張の渦中に熔融させなければやまなかった。そしてこの興奮の極、彼らは神に捧げられた犠牲の聖獣めがけて一せいに跳りかかり、生きながらその四肢を引き裂き引きちぎり、鮮血したたる生肉を啖う。（彼女らの投げ散らす肉片は生きの身の温気消えやらぬ鮮血に紅く染って木々の枝に懸り、砕き割られた肋骨や蹄が地上に散乱して惨虐酸鼻の極をつくす）。ここに忘我荒乱は極限に達し、信徒らは人でありながら人であることをやめ、『自分自身の外に出て』（エクスタシス）神のうちに還滅するのである。この生肉啖食の典儀を通して神と犠牲獣と人間とは完全に融合帰一するのである。」

この野蛮な宗教体験はギリシア人の宗教感覚に深刻な影響を与えたものと思われるが、やがて彼らはその体験を自然神秘主義に昇華させ、思想化し、哲学化したのであった。その事態については同じく井筒俊彦の秀れた叙述があるので、それをつぎに紹介しておく（井筒、一九七八）。

「ここにディオニュソス精神ギリシア化の捷径とは、かの未開野蛮な祭礼に於いて生血したたる聖獣の肉を啖いつつ、神憑の姿も浅ましい信徒達が荒れ狂い舞い踊る集団的興奮の極致、奔騰する凄じい震憾の渦中に互いに捲きこみ捲きこまれて、ついにあらゆる個的限界を脱出し、忘我のうちに渾然として全てが一となるという魔霊的狂激の「全一」体験を、直下に超越的宇宙体験にまで飛躍翻転させ、集団的全一感を宇宙的全一感として、狂酔に於ける時間意識の喪失を「永遠の今」の超時間性として、蘇生転生させる体験の道を指す。この道によって、ディオニュソス神崇拝の原始的形態に纏綿していた穢汚の要素は完全に払拭され、その野套な祭礼に妖しい呪気を与えていた発作的官能性の戦慓は断除されて、原初の渾沌と暗黒とは全存在界を光被する燦爛たる霊性の光明と化するに至ったのである」。

ここで言われている「全一体験」とは、「尽天地に遍満する生命の流動を直下に自己の生命として感得し、自己の心臓の鼓動をそのまま宇宙的生命の脈搏として直証する超越的全体生命の体験であり、この宇宙的生命統一に於いて、人も事物も自然も全てが根源的「一」に消融する「全即一」の「超意識的意識」であるとされる。

「かつて存在の最下領域に於いて集団的忘我陶酔の極、人も野獣も神も全てが自己の限界を忘逸し、あらゆるものが渾然として狂熱の波に消融漂滅することによって実現した脱自的「全一」は、ここに存在の超越的絶頂に移され、この絶塵の高処に於いて、ふたたび浩渺と顕現する」のが絶対的超越的「全即一」なのであった。かくして、この「全即一」においては、諸物の対立は虚見に過ぎず、「万物は洞然として「一」であり、全ての反対物は一致する。善と悪、生と死、睡眠と覚醒、昼と夜、冬と夏、寒と暖、湿と乾、戦争と平和は現象的表面の矛盾対立にかかわらず、存在の深層に於いては渾然たる一者に帰する。」ここにおいては「諸物は対立したまま、動的緊張の極限に至って矛盾的に帰一するのである」。「存在性の絶頂に於いて顕現するこの矛盾的全一」、「万物一如」の思想こそが、やがて彼等のロゴスとされたのである。

このような「全即一」の思想にまで高められたディオニュソスの狂乱から、オルフェウス教が展開され、その宗教思想がピュタゴラス教団に影響を与えたと言われているから、教祖ピュタゴラスに全一体験とでも言えることがあったに違いない。そして、ピュタゴラス教団の数論（自然数論）とは、まさに彼等の宗教体験のロゴス化から出発したものであったと考えられるであろう。

ピュタゴラス教団においては、数に対する一種独特の感覚が前提とされていたのであろうと思われる。いわゆる数秘的感覚が前提となって、固有な自然数論が展開されていた。そして、ピュタゴラス教団における数についての神秘的思索の数々は、彼等の宗教的営みそのものであり、教祖ピュタゴラスの原初的宗教体験のロゴス化にかかわったのであろう。

『原論』第七巻の定義、「単位とは存在するもののおのおのがそれによって一といわれるものである」とか「数とは単位から成る多である」とは、そもそもは「万物一如体験」のロゴスではなかったか。「単位」とは「モナス（一性）」であり、「いち」とは「ヘン（一者）」である。万物一如なる一性における存在のロゴスと、一切は一なる神から成る、一の多化のロゴスの相をそれらの命題は表していたのである。しかし、『原論』の叙述はそのような消息から明らかに頽落している。超越体験のロゴス化は、ピュタゴラス教団においては算術的なものに頽落してしまった。なぜそのような頽落が生じたか、それにはこの教団固有の教義がかかわっていたと思われる。

ピュタゴラス教団によれば、人間の魂は「運命の車輪」によって輪廻転生し、生と死との苦行を無限にくりかえしていることになる。この輪廻の苦悩からの解脱こそが彼等の宗教的目的であった。そのためのカタルシス（浄め）として、数論の探求があったのである。そして、そのような営みが結果として数を理念化し、一切は算術的数の学に頽落していったものと思われる。このように算術化した数論においては、かの「万物一如」の超越体験は消散して、そのロゴスは原論に見られるような単なる算術的命題となるのであった。エレア派のパルメニデスは、このように頽落したピュタゴラス教団に対する批判者であった、と考えてみてはどうか。

10　思惟即存在

エレア派の開祖パルメニデスは、「有るものは有り、有らぬものは有らぬ」と主張し、それを弁証するためにいわゆる背理法を創始したとされている。ユークリッド原論におけるエレア派の影響については先ず第一に背理法が『原論』で決定的に重要な役割を担っているところに見るべきであろう。

さて、そのパルメニデスは「思惟と存在とは同一である」とか、「存在は思惟の対象と同じである」と主張したということである。ここに言われている「思惟即存在」の思想は、私共の生半可な理解を許すようなものではない。思惟するところ、そこに直接的感覚的にあるものが存在する、などと考えるほど彼は愚かではなかったであろう。それでは「思惟即存在」とはどういう事態なのか。（以下、井筒、一九七八）

パルメニデスの思想に本質的に影響を与えたのは、憂愁の詩人クセノファネスであったと言われている。

クセノファネスの言葉に、「全体が視、全体が識り、全体が聞く」「一なる神」というのがある。これは「意識即存在」という事態の詩的表現とされる詩人の直覚を表したものと言えよう。人間の意識を超える意識、人間が意識するのではなく、むしろ、人間の意識が消滅し、人間が絶対的に無とされるところに、啓示として上からのぞむ超越的絶対的意識、絶対的一者の意識する意識において意識する、いわば全一的体験の地平において、はじめて「意識即存在」は開示されるのであった。このような超越的絶対体験、それは詩人の直覚としか言いようがないが、その詩的表現が前述のクセノファネスの言葉である。そして、パルメニデスにおける「思惟即存在」とはこのような事態のロゴスを示しているのに違いない。パルメニデスにおいて、あの万物一如のディオニュソスの狂乱のヘレニズム的昇華の実相を見る思いを禁じ得ない。

多少、横道にそれたが、このような視点から見直すとき、イオニアの自然哲学者たちの言説が新しい光をおびてくることを言いそえておきたいと思う。いまターレスは、通俗哲学書によると、万物の根源（アルケー）は水である、と唱え、それゆえに自然哲学の開祖とされている。しかし、彼の主張の本意は、水を原子的なものと考えたということではないようである。すなわち、ターレスにおいても、「水が万物の根源」とはという一性に注目しているのであって、「水」において全一的な万物一如体験のロゴスを示しているのであろうと思われる。もちろん万物一如という絶対的超越的体験を直接無媒介的に物質によってロゴス化することは誤りではあるが、彼の考えているところは直接に物質的世界そのものではない。感覚界に位置づけられる自然をして、超越に翻転せしめられたものとしての「一性なる水」こそが、彼の言わんとする「水」であったのであろう。しかし、エピゴーネンは彼の言葉に超越を見ることはできない、見得るのはまさに自然的感覚的水なのであって、それゆえにターレスは自然哲学の開祖に位置づけられたのであった。

11　自同律の消融

さて、パルメニデスはターレスと同じく万物一如体験から出発する。しかし彼はターレスが感覚的なものに短絡したことを根底から批判した。すなわち、パルメニデスは一切の感覚的なものを虚妄（有らぬもの）として退ける。そして感覚の世界の虚妄を論理的矛盾において曝露するのである。

言うまでもなく、パルメニデスにおいてもディオニュソスの原初的体験は感覚的なものとして位置づけられていた。それは感覚的であり、意識的であり、集団的体験であった。「集団的忘我陶酔の極、人も野獣も神も全てが自己の限界を忘逸し、あらゆるものが渾然として狂熱の波に消融漂滅することによって実現した脱自的全一（井筒、一九七九）」なのであった。この「存在の最下領域」ともいうべき野蛮なディオニュソス体験が、上からのぞむものに促されて転換飛躍し、「存在の超越的絶頂に移され、幽邃な超越的全一体験」となるのがパルメニデスにおける「絶塵」たる絶対的超越的全一ある。ここではじめて、あの原初的全一体験のヘレニズム的ロゴス化の位相が明瞭にされるのではないだろうか。

かくして、感性的世界から超絶した全一体験の地平において、自体的一を指し示して、「存在とはそれ自らにおいて同一であるもの」とパルメニデスは言うのだ。そこにおいては、存在の自同律「AはAである」すらも超絶される。なぜなら、「AはAである」が言われるところでは必然的に矛盾律「Aは非Aではない」が相即し、Aならざる非Aを前提としないわけにはいかない。これはいま述べたような絶対的一者における消息に則さない論理であると言えよう。

パルメニデスの全一体験のロゴスの場においては、自同律も矛盾律も関与することは許されない。そこにおいては人間の論理的思考は無化されて、「AはAである」は消融して、絶対的自同律、すなわち端的に「A」のみが事態に相即する論理となるのである。「一性」たる「一者」の論理が現出するところ、思惟を超えた思惟、存在を超えた存在、この窮極的存在のレベルにおける「全即一」の原初的体験のロゴス化こそが、パルメニデスにおける「思惟即存在」なのだろう。

以上のことを背景においてゼノンの逆理を改めて見直すと、その意図がパルメニデスにおける全一体験のロゴス化の弁証にかかわっていること、そして、その直接の論敵がピュタゴラス派であることが推測できよう。ピュタゴラス派の数論とは本来は教祖ピュタゴラスの全一体験のロゴス化であったと述べた。しかし、エピゴーネンはピュタゴラスにおける「一性」を算術における数え方の単位と考えてしまうわけである。そこにはもはや教祖における全一体験の消息を窺うことはできない。「一者（ヘン）」を1と思惟しきったとき、それはすでに一者ではない。その1は文字通りただの1である。一者は矛盾的帰一としての一である。

このようなエピゴーネンにおける頽落現象こそはゼノンの批判して止まざるところであったのであろう。エレア派の問題提起の中核は全一体験のロゴス化であった。この点を踏まえて、たんにゼノンの逆理そのものにのみ注目するのではなく、エレア派の思想の全体を見るときに、私共がいま問題としている原論第一巻の第4公準の意味がはっきりしてくるのである。すなわち、パルメニデスの原初的全一のロゴスにおいては自同律は超克され消融したのであるが、その事態はエピゴーネンにおいては自同律そのものの否定として迫ってきたのであろう。ユークリッドの『原論』が形成される一つのモメントがエレア派に対する弁証であったとするならば、そこでは自同律すらも弁証されねばならない。というよりも、むしろエピゴーネンは開き直って、自同律をも敢えて弁証法的仮説として立て、エレア派に一矢を報いたのではないだろうか。このようにして、公準、公理を説として立てることが方法として自立し、学の在り方として自己運動を起した。『原論』起源の一端をこのように見ることが許されるのではないだろうか。

さらに附言しておきたいことは、幾何学における「原理への還元」という証明思想の精神的起源は何であったか。その在りようにひそむ事態は、まさにあの全一体験ではなかったか。「原理への還元」という体験はエロスである。エロスの本源は万物一如の全一体験であるから、数学のエートスはエロスである。「学」とはエロスである、ということの源は、あの数学の方法、存在様式に深く秘められていることがらであった。

12 ロゴスの誘引

全一思想のロゴス化の視点に立つと、プラトンの思想にも一筋の光を当てることができだろう。タ一レスは下位領域である感覚的現象界における多者の中に一者を見出そうとした。他方パルメニデスは超越的最高領域だけに存在を見て、下位領域の一切を断固として拒絶する。いわばタレスは下方に緊張し、パルメニデスは上方に緊張するのである。それらに対してプラトンは両方向に緊張する。すなわち、プラトンはタレスのように無媒介的に感覚的なものにかかわらないが、さりとて、パルメニデスのように感覚的なものの一切を虚妄とすることもない。両者の思想はプラトンにおいては総合されていると理解されよう。すなわち、「上は絶対超越的窮境者から、下は物質的感性的世界におよぶすべてを包摂するところの位層的類比概念（井筒、一九七八）」において、プラトンは世界の総体を見ようとした。それが線分の比喩の意味だろう。プラトンにおける上下両方向への緊張は、線分の比喩の構造においてロゴス化されていると考えられる。すなわち、実物の世界はそれ自身の内にそれを数学の世界へと飛躍させる誘引力を秘めているとプラトンは述べている（『国家』524D）。すなわち、感性的知覚の中にはそれをこえて（数学を営む）知能の働き（中間知的能力、悟性）がひそんでいるのだ。そして、そのアナロジーとして、数学の世界にはそれ自体のうちに超越的なものへの力を秘めるのである。それをプラトンは「真実を見る目（『国家』527E）」と言う。「霊魂の目」とも言えよう。そして、それぞれの位層におけるそれらの誘引力のロゴス化こそが線分の比喩における比であり、比の力であるのだ。この比の力こそはそれぞれの領域間の不連続を連続化するのである。このようにして、ターレスとパルメニデスにおける思想の断絶は連続化される。ここにプラトンの思想の特徴が表れていると言えないだろうか。比（ロゴス）は総合の論理であった。それでは、この総合の論理は貫徹され得たのであろうか。

13　ロゴスのゆらぎ

線分の比喩を支えるのはアナロジーの論理だが、その本質的事態はどういうことであろうか。アナロジーとは「異種のものどうしを配する点で超越の契機を有し、イメージを通して共感できる点で内在の契機を有するのである。アナロジーの真価は、他のすべての面で異なりつつもただ一点における類比的対照に成否を賭ける妙味にある。完全に同一でもなければ完全に異質でもない。その両極端の緊張が放つ一瞬間の放電効果こそアナロジーの真価に他ならない（五十嵐、一九八三）。」超越と内在は不可分である。すなわち、内在は超越への誘引力（連続の消息）を内に秘める。しかし、両者の間には絶対的隔絶（切断）が存在する。両者は隔絶しつつ融和しなければならない。超越は定義不可能であり、本質的に思惟されることを拒否するものである。それゆえにアナロジーの論理においては、内在は超越を指し示すのに過ぎない。そして、その指し示しは相異性を内に含むために、必然的に危うさを伴う。可視界から知性界への誘引力、すなわち比（ロゴス）の力は、超越と内在にかかわって内在をして超越に移転せしめる力であるが、両界の絶対的隔に激突して、ロゴスの力はゆらぐのである。幾何学の中間性は不完全性ではなく、本来的なロゴスのゆらぎの実態である。そして、そのゆらぎのゆえにそれは超越への接続媒介となり得るのではないか。内在における超越へのロゴス化の不安、それが幾何学の中間性の実質であり、その実質ゆえにそれは超越への接続媒介となりえるのである。後世における幾何学の絶対化とはこの不安、ゆらぎの消息を捨象し、事態を一面化したことに他ならない。しかし、中間性はきわどさであり、危うさでもある。この数学のきわどさは「ロゴスの途」のきわどさであり、イデア論といわれるもののきわどさでもあろう。

プラトンは結局、次のように言う（「第七書簡」342-343）。イデアの把握には「第1には『示し言葉』、第2には『定義』、第3には『模像』、第4には『知識』を何とかして把握しないかぎりは、何びともけっして第5のもの（それそのもの、イデア）を直接に把握する知に完全には与り得ないであろう。そして「かりにそれら4者が把握されたとしても」それら4者はなお「言葉というものの弱さにわざわいされて、」それがまさに「何であるか」よりもむしろ「どのようなものであるか」を明らかにしてくれるにすぎない。「それゆえ、心あるひとならだれしも、けっして自分自身の知性によって把握されたものを、言葉という脆弱な器にあえて盛り込もうとはしないであろう」。プラトンはそう言う。だからプラトンは「これが最高のイデアである」と直接的には言わない。「自身に即し、自身によって、自立する唯一の種として永遠に存在するもの（「シュムポシオン」211B）」と言うのである。

14　超越の突出

いわゆるイデア論（そういうものがあったかどうか、問題とされているが）の究極の目標は、超越的一者である善のイデアの観照であるが、そのことはそもそもソクラテスにおける原初的体験、すなわち、ダイモン体験に係ることであったと思われる。ダイモン体験は根源的な否定である。ところが、イデアとか数学の対象の世界は存在の肯定から始まっている。この否定と肯定の消息がどのように関連するのであろうか。この問題との関連で思うことは、プラトンがイデア論において言おうとしている内容は、単純に論理的な構造だけを考察したのでは、し尽くせないのではないか。ことがらは論理の世界に限定できない、にもかかわらず、第2の航海、すなわち、数学を接続媒介とするロゴスの途によって、それを目指さなければならない。ロゴスの途以外にさしあたって方法はないようである。しかし、それによって超越なる善のイデアに達する保証は判然とはしていない。「知的直観は人間知性の終極」であるが、「思惟はそれを越えて思惟自らを超越することができない（井筒、一九七八）」のである。

ロゴスの途は、直接的に超越者の観照に至るのではない。むしろ、それは一度は根底から否定されることにおいて、魂が真実に向って「方向転換」ができるように訓練する途である。その訓練の極限において「真実を見る目（霊魂の目、「国家」527D,E）」、いわば神の意識に通ずる絶対超越的認識能力が突如として（「シュンポシオン」、210E）上からのぞみ、善のイデアを観照するに至るのである。それはまさしく超越的一者への全一体験と同質的出来事であると言えよう。したがって、それは直覚的事態であるから、上からのぞまざるを得ないのであるが、それが人間の究極的目標であるからには、「滅ぶべき者のあずかり得る限り（「シュンポシオン」206E）」の純粋知性の活動においてそれを目指さざるを得ない。そして、その純粋知性の活動すらも、あるものにうながされてのことであり、そのきわみはあの超越的一者の直覚において始まるものと言うべきであろう。真のロゴスの途は全一体験のロゴス化の途であった。プラトンにおける数学とは、そのようなロゴスの途の緊張の可能性を示唆するものとして、位置づけられているように思える。それゆえに、数学の中間性、ゆらぎとは、超越的一者との全一のロゴス化のゆらぎ、すなわちダイモンの否定のシンボルなのである。

ここで、ピュタゴラス教団について一言付言をしておきたい。いま語った「超越的一者の直覚」はすべての人に許されていることではない。それゆえにそれはロゴス化を求め、求められているとも言えよう。多くの宗教においては、この「直覚の不可能性」を祭儀という内在的なことにおいて代替しようとするのが常である。しかし、祭儀は結局は宗教的感情の刺激に終ってしまうのである。ピュタゴラス教団は、そのような情緒的体験のレベルに止らないで、それを「知性に濾過して思想化（ロゴス化）」しようとした。そして、そのロゴスとして数学を位置づけたのであった。そこに、この教団の存在の意義があったと言えよう。けれども、直覚の不可能性はロゴスにおいて克服されなかった。そのことが、前に述べたピュタゴラス教団における頽落の本質的事態ではなかったか、とも思えるのである。

超越が突出してロゴスとなり、ロゴスが突き上って超越にかかわろうとする、その連続と非連続にこそ、数学の中間性の必然性がかくされているのだ。しかし、この緊張の消息は、前述したように、後世において右のきわみに傾き切った事態になる。やがてそれは左のきわみに傾き、そして合理を固守することの必然として、事態は「認許」におさまり、数学は相対化される運命を担うことになるのである（後述）。そこではもはや、ゆらぎの意味を問うことはない。旧約学者の言葉を借用して言うと、神の意志のロゴス化の出来事性を見失って、現代人はいたずらに饒舌になっているのである。いわば連続（あるいは不連続）の一面性のみがきわだち、切断（あるいは結合）の消息が失われている、というよりも、「連続と切断」という発想そのものが問われなくなった。現代とはそういう問いを持ち得なくなった時代であろうと思うのである。

語るべきことは、星雲状に拡散し、語りを止めることはできない。ただ無理に語ることに凋落する。無理に語ることは、ソクラテスも抗議することである（「国家」509C）。語り得ないことを前にしてわれわれは沈黙しなければならない。

参考引用文献

T. L. Heath, 1956, Euclid The Thirteen Books of The Elements, Dover Publications.
A・Kサボー、伊東、他訳、一九七六、『数学のあけぼの』東京図書。

A・Kサボー、中村他訳、一九七八、『ギリシア数学の始原』玉川大学出版部。

ヴェドベリ／山川偉也訳、一九七五、『プラトンの数理哲学』法律文化社。

プラトン、二〇〇五、『プラトン全集』岩波書店。（プラトンの引用については次のものも用いた。）

青木巌訳、一九五四、「国家」、創元文庫。

田中美知太郎訳、一九六八、「パイドン」『世界の名著 プラトンⅠ』新潮文庫。

田中美知太郎訳、一九六九、『国家』『世界の名著 プラトンⅡ』、中央公論社。

M・Pホール、一九七六、「ピュタゴラスの数学」、『エピステーメー』十一。

五十嵐一、一九八三、『知の連鎖』勁草書房。

井筒俊彦、一九七八、『神秘哲学』人文書院。

川田殖、一九六七、「善のイデアの一面」『キリスト教と文化3』国際基督教大学学報。Ⅳ／B
絹川正吉、一九八四、「ロゴスの時代」『ペディラヴィウム19』
白石早出雄、一九五一、『数と連続の哲学』共立全書。
中村他訳、一九七一、『ユークリッド原論』共立出版社。
山川偉也、一九九六、『ゼノンの四つの逆理』講談社。

IV　絶対から相対へ

プラトンにおける幾何学の弁証法的位置づけは、幾何学それ自体の弁証法的重さの故に、逆説的にその緊張関係は次第に崩れて、その絶対性のみの強調が進行する。プラトンにおけるイデア的な点、線、等は、イデア的という緊張から一気にイデアそのもの、絶対的理念として定着する。かくしてユークリッドの原論はやがて神学教育の基礎（リベラル・アーツ）として、ヨーロッパで定着する。（神学生は原論をそのまま読まされた。多くの神学生が原論第5命題で息があがったので、第5命題を「ロバの橋」すなわち、凡愚には渡れない、と揶揄した。）

（第5命題）　2等辺3角形において、底辺における角は互いに等しい。そして、もし等辺を延長すれば、底辺の下の角は等しい。

すなわち、絶対的幾何学が成立していることが、人間の理性の存在を根拠付け、そしてまた、理性が絶対的幾何学を成立させる。理性の働きと、絶対的幾何学の成立は一体的になる。その消息の一端を垣間見ておこう。

1 記憶の奥の院

まず登場するのは、古代キリスト教の土台を据えた神学者アウレリウス・アウグスティヌス（Aurelius Augustinus, 354-430）である。彼は神を認識するその確かさはどこからくるのであろうか、と問う（以下、つぎの文献を参照、服部訳一九七六、泉編一九七七）。「いったい、人間の思いは、その内にある人間の霊以外に、だれが知っていようか（新約聖書・コリント人への第一の手紙、二章十一節）。」といわれるが、人間の内にある人間の霊にすら知られていない何かが人間の内にある。それを知るのは神のみである。その神をいかにして知ることができるのか、ということが認識の始まりである。

アウグスティヌスは言う。神は感覚によっては知られない。もしそうなら知性のない馬でも、（感覚的能力があるから）神を見いだすであろう。感覚的なものを超えて段階的に神のもとにのぼっていこうとすると、人は記憶という広大な広間に入ることができる。そこには感覚によって与えられた無数の心象という宝がある。人がそこに入って、何でも欲するものを出せと命じると、あるものは即座に見つかり、あるものはかくれた倉庫から引き出されるように引き出される。知覚された諸々のものの心象が、それを想起する思惟のために収められている。もしもこれらの心象が存在しないならば、人はそれらについて何も語ることができない。これらすべてのもの（心象）は、記憶の宏大な奥の院と、何かしらひそかな、いいあらわしがたいその密室の中におさめられて、必要とあらば引き出されてくる。想起する思惟にたいして、いつでも応じられるようにそなえられている。

記憶の測り知れない力はそれだけではない。人がリベラル・アーツ（自由学芸、数学を含む。）で学んだすべてのものは、記憶の奥の院に蓄えられていたのだ。したがって、それらは人が学ぶ以前に、人の心の中にあった。しかし、記憶の中にあったとは考えられない。人がそれを学んだとき、「まったくそのとおりだ」と言って認めたのはなぜか。それらはすでに記憶の奥深い洞窟の中に隠れているので、教えられて引き出されなかったら、人はそれを考えることはできなかったであろう。学問的な知識は感覚を通じて記憶に収められるのではなく、その深みから取り出されるのである。

さらにそのもの自体の記憶が、記憶の奥の院に保持されている。それらは感覚という肉体の入り口から入ってきたものではない。それらのものは、ひそかな洞窟の中にでも隠されているかのように、記憶の奥深くひそみ隠れている。それらは他から示されなければ、わたしはそれらを考えることはできない。記憶するとは、外界から感覚を通して得られたものと精神の内奥（奥の院）から引きだされてきたものとが出会う場である。この場において、外界から得られた経験について内奥から引きだされたもの（イデア）によって正しい判断が可能になる。

数学は記憶の奥の院にあるものの例証である。記憶の中には数と量に関する無数の比例関係や法則が含まれている。それらは色もなく、音もなく、匂いもなく、感覚によって印象づけられたものではない。「a : b」を読む言葉の響きはギリシア語とラテン語で異なる。しかし、比例法則はいかなる種類の言語でもない。幾何学の線は職人の描く細い線ではなく、別のものである。肉眼によって伝えられたそれらの線の心象ではない。数える数は感覚によって知覚されることがある。しかし、「それによって数える数」は別物である。「このような数を見ることのできない者は、このようなことをいう人を笑うがよい。」このようにしてアウグスティヌスは、学問、幾何学の先天性を示唆している。そして、そのことは神の存在の弁証へと進展する。

「記憶は時間を貫いて持続する自己のものであるとともに、自己が自己を超えて神と出会う可能性を秘める自己超越の魂の場である。記憶の力は偉大である。それは何か恐るべきもの、深遠、かつ無限に多様である。しかしそれこそは心であり、私自身である。その記憶の広野のすべてのもの間を私は駆けずり回り、飛び歩き、できる限り潜り込むが、どこまで行っても際限がない。考えて見れば、鳥や獣でさえ記憶をもっている。それがなければ巣に帰ることもできない。しかし、神を記憶の広庭に見いだすことはできない。もしも神を記憶の外に見いだすならば、私は神を記憶していないわけである。神を記憶していないならば、どうして私は神を見いだすのであろうか。けれども、人間は自分の主なる神を思いだす。神は確かに常に存在する。私は何をなすべきであるか。私は、この記憶と呼ばれる私の力をも超えて進もう。甘美な光よ、汝の許に到達することができるように、私はこの力を越えて進もう。汝に触れ、汝に縋ることができるところで、汝に縋ろうと思う。」

「私は汝に導かれて、私の最奥に進み入った。私は進み入って、私の魂の眼で、まさしくこの私の魂の眼の上に、ある不変の光を見た。この光は、私を造ったから、私の上に、私は、それによって造られたから、その下にあった。」

「アウグスティヌスは次第に感覚と理性的思惟を超えて、精神的エクスタシーを経験し、不変なる可視的ならざる光を見た。神は現実にいますが、形体的ではない。神は抽象的ではないが、存在するものの総体である。それは主観的なイデアではなく、主観を超えた実在である。それは感覚と存在の一致の中にある。この光についての認識は非関与的な客観性の中にではなく、愛の献身の中に起こるのである」と説明されている（W・Vレーヴェニヒ、一九八四、六四頁）。

2　知ある無知

（本稿については、岩崎・大出訳一九六九、山田訳一九九四を参照した。）

ニコラウス・クザーヌス（Nicolaus Cusanus, 1401-1464）は、ドイツの片田舎、モーゼル河沿いのクースで船主の子として生を受けた。ニコラウス・クザーヌスは、貴族のパトロンを得て、諸学を習得し、中世のカトリック教会で破格の進路を開き、枢機卿としてローマ教皇の片腕にまでなった。一四三七年に、分裂していた教会の統合という使命のために、クザーヌスはコンスタンチノープルに向かった。クザーヌスはその帰途の船上で神を経験する。彼の神学的思弁の一切はその一点に帰趨する（山下、一九八五）。「光の父からの贈り物によって、人間的な仕方で諸真理を超越することによって、把握されえないものを、知ある無知において把握されえない仕方で包摂するに至った。」

クザーヌスの代表的な著作『学識ある無知について（知ある無知）』の一つの節の表題は、つぎのように題されている（山田訳、一九九四）。「さまざまな神的事象を理解する際、数学的なもののすぐれてわれわれを助けること」そして、つぎのように言っている。「すぐれて確実なものとして数学的なものがある。数ある古人の中でも抜きん出た人たちは、もっぱら数学的なものとの対比によって（神学的）難問を解こうと努めたのである。例えば、ローマの最高の学者ポエティウスが、数学の訓練を全然受けていない者は神に関する学知を得ることはできぬと主張したのがそれである。」

「クザーヌスは、人の最高の認識能力をもってしても、神のあり方を真実にとらえることはできないことを、数学的・幾何学的比喩を用いて考察する。（第八巻、一九九四）。」

探究者は、不確実なことを、前もって措定された確かなことと比較して、比的に判断する。比は数なしには知解されない。比を作り出すところの数は、量に当てはまるばかりでなく、何らかの仕方で合致したり相異したりするいっさいのものにあてはまる。このことから、ピュタゴラスが、万物は数の力によって知解されるとしたことに、クザーヌスは注目する。

無限なものの有限なものに対する比は存在しない。有限なものごとの領域では、絶対的な意味で最大なもの（無限：神）に到達することはできない。クザーヌスは、知性の真理に対する関係は、円に内接する多角形が円に対する関係のようなものである、という。すなわち、多角形の角を無限に増加させたとしても、多角形である限り、それは円に類似のものではあるが、しかし円と同一ではない。

眼に見えるものは、眼に見えないものの似像（imagines）である。霊的なものはそれ自体としては到達できない。しかし、上述のようにあらゆる事物は相互にある比を持っていて、どんな似像も原形の類似に近づいていくように思われる。しかし、神と同じ最大の似像であるキリストを除いては、原形に類似する似像は存在しない。

クザーヌスは神を弁証するために、数学を引用する。似像から探求が始まるときは、前提となる似像は確かなものとして前もって措定されている。最も堅固で確実なのは数学である。古代の学殖のあるすべての人は、困難な事物を追及するために、数学的類似を用いた。アウグスティヌスも、霊魂の量とその不死性について研究したとき、数学のもとに急いで赴いて援助を求めた。象徴によらなければ、神的なことがらに近づく道

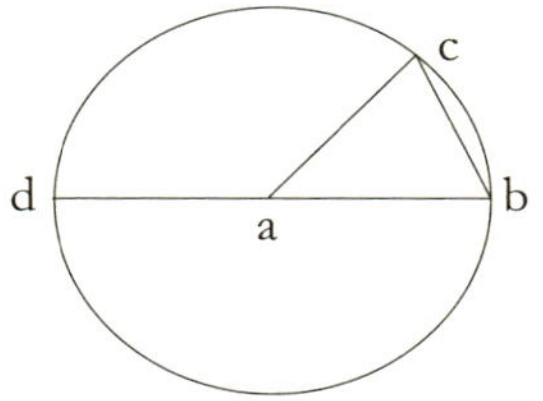

図形の可能態

はないから、数学的しるしを、その消滅することのない確実さのゆえに、適切に使うことができる。

無限な線は直線である。円の直径は直線である。円周は直径より大きい曲線である。円が大きくなれば円周の曲度は小さい。それより大きくなることのできない最大円の円周は最小度に曲がっている。だから、最大度は直である。ゆえに「最小なもの」は「最大なもの」と一致する。

中心をaとして、線分abをcまで回転すると、三角形ができる。bの対立点dまで回転すると、半円ができる。全回転すれば円ができる。dbを軸に回転すれば球ができる。球には他のより上位の図形を生み出す可能性が含まれていないから、線から始まる図形の可能態として球が最後のものである。ゆえに、無限な線は可能態として三角形でもあり、円でもあり、球でもある。こうして、すべてが無限な線に含まれる。すなわち「絶対的な最大のものは万物の包含であり、どんな相異性も同一性である。かくして、三性は一性であり、一性は三性である。父と子と聖霊は一なる神性において合一される。

クザーヌスは何を言おうとしているのか。「対立物がそれらを超える絶対者の内で一致するという思想と、またそれに関連して、推論的・理性的思考を超えるこの関係を把握する知解行為としての「知ある無知」の概念は、有限な対象に当てはまるある種の関係を無限化した時に起こる数学的逆説のパターンを受けついで、それを発展させたものである。例えば、幾何学では「直」と「曲」ほど対立するものはない。しかし、円周は無限に大きな円では切線と一致するし、無限に小さな円では直径と一致する。さらに、どちらの場合も中心は唯一の限定された位置を失う。中心は円周と一致する。どこにもないと言えるし、どこにもあるとも言える。しかし、「大きい」「小さい」ということ自体、有限量の領域にのみ当てはまり、そこでのみ意味を持つ一組の反対概念にすぎない。この領域は相対的な物の領域であって、そこには「大きい」ものや「小さい」ものはなく、ただ「より大きい」ものと「より小さい」ものだけがある。したがって、「もっとも大きい」ものも「もっとも小さい」もののもない。無限なものを基準とした場合、ほかの何かより大きいとか小さいとか言えるようなものは存在しない。絶対的で無限な最大は、絶対的で無限な最小と同じく、大きい小さいの系列には属さない。これらはその外にあるもので、これらは互いに一致するのである（アレクサンドル・コイレ、一九七四、二〇頁）。

神は対立物の一致である。かかる神は人間のあらゆる知解を越えていく。

万物には神の恵みにより、それぞれの限りで、いちばん良い在り方で存在しようとする希望が与えられている。人間の認識能力もそのような目的のために備えられている。神の認識が人間の力を越えているということは、人間の認識能力の上述の意味からすると、人間は無知であることを熱心に知ろうとしていることになる。「知（学識）ある無知 docta ignorantia」に到達することが、人間の究極目標である。知性には無であることこそ最大のもの（神）である。

3 啓示と数学

「ルネ・デカルト（Rene Descartes, 1596-1650）の生涯は近代の誕生のドラマである（田中、一九八九）。」中世を支配していたアリストテレス・スコラ学的宇宙観は、閉ざされた天球の中に、恒星を配置し、地球を中心に月、太陽、水星、金星、火星、木星、土星が同心円上に回転する「永遠の静寂の支配する」世界であった。この永遠の沈黙を破るルネッサンスの思想は、人間と宇宙の交感を主張し、アニミズム的であった。天体の運行は人間の運命に関ることから、占星術に人々の関心が集まる。数は存在の原理であり、宇宙の秘密を語る。それゆえ、知者（マグス、魔術師）たるものは数学者でなければならない。神との聖なる交わりを求めるカバラ（ユダヤ教神秘主義）に人々は熱中する。自然界の秘密に通暁する魔術師が登場し、錬金術研究がもてはやされる。宇宙全体の人間回復を追及する異端的躁状態の残照の中で、デカルトは思考を始めた。

一七世紀フランスの新興市民階級の子として生まれたデカルトは、当時の最高水準のリベラル・アーツ教育を受けた。その内容は、ラテン語（とギリシャ語）学習を三年間、ギリシア・ラテン文学と歴史学習を一年間、雄弁術（修辞学）を一年間、論理学を一年間、（アリストテレス・スコラ学的）自然学一年間、形而上学・倫理学一年間、である。この壮大な学問こそが、人生を正しく導く具体的な方法である、と賢者たちは信じていたのである。ところが、「明晰さと確実さのデーモンにとりつかれた」デカルトは、これらの「書物による学問」に、「人生を明晰な判断をもって確実に歩む」方法を発見することができない。「道徳を論じた著作は砂上の楼閣、美徳とよばれるものは、冷酷、傲慢、絶望、近親殺害にすぎない」とデカルトは断じた。失望を伴って大学を後にしたデカルトは、「世界という大きな書物の中で学ぶために」生涯定住することのない旅を始めた。そして「確実で明晰」なものを執拗に追及した。

デカルトの合理主義哲学の出発点は一つの非合理的経験であった。一六一九年十一月一〇日夜（デカルト二三才）、冬の兵営の一室でデカルトは夢と現実の狭間で神がかりのような経験をする。一日中の思索で、「驚嘆すべき学問の基礎を発見したという思いで心を一杯にし、非常な興奮に充たされて眠りにつき、一晩のうちにつづけて天から来たとしか思われない三つの夢を見た（田中、前出一三〇頁）。激しい風が吹いている。周りの人々には何の影響もないようなのに、デカルト一人が教会堂の壁に激しく押し付けられている。悪霊の仕業とデカルトは考え、罪の不安におびえる。再び眠りにつくと、夢の中で雷鳴に驚き、跳び起きると、部屋中に火花が散っているのを見る。三度眠りにつくと、夢の中で机上の辞書を開く。「ワレ、イカナル人生ノ道ヲ歩ムベキカ」の一句を見る。見知らぬ男が現れて、「在リ、シカシテ在ラズ」から始まる詩集を示す。夢の中で夢の解釈をする。辞書は学問の総合を、詩集は知恵を、そして「ワレ…」は道徳を示していると。目覚めてデカルトは夢の解釈を続ける。すなわち、「在リ、シカシテ在ラズ」は認識と学問における真と偽を示していると。デカルトは、真理の霊によって、すべての学問の扉が開かれた、という啓示を受けたのである。デカルトは「驚くべき学問の基礎」を発見した。幾何学の証明に長い連鎖があるように、自然学も形而上学も、およそ人間の認識の全体は、互いにつながりあっている。全学問を全体として見る普遍学の可能性を、デカルトは直観したのであった。

このようにしてデカルトの学問への道が敷かれた。当時、新しい学問的成果を発表することは、いつ異端として糾弾されるか分からない、という状況であった。「真理の探求には常に悪魔の影がちらついていた。デカルトの夢は悪魔祓いであった（前出一四三頁）。」学問への研鑽に賭けるデカルトの決心は、霊の力による促しを必要としたのである。

その研鑽による「理性を正しく導いて、明晰で確実な知識に到達するための探求の跡を、明晰で確実な数学をモデルとする『方法序説』にまとめたのである。ここで数学をそのように位置づけたことは、破天荒のことであった。当時、数学は機械的技術（例えば築城術）にしか役に立たず、抽象的な遊びと見る風潮もあり、デカルトの学んだ大学では、数学を軽視していた。その賢者が軽視した数学の方法こそが、「確実性と明証性」の方法を与えるというデカルトの主張は、まさに逆説であった。

デカルトの方法は、「それを正確に守る者は誰でも真の認識に到達することができるような規則」である。「誤謬のおそれなく事物を認識する精神の働きは、「直観」と「演繹」である。認識における第一原理は直観によってのみ可能である。この原理から離れた判断は演繹によって得られる。これは明らかに幾何学の方法の普遍化である。数学の確かさは、第一に対象が純粋で単純なことであり、したがって不確実なものを前提にしないことである。第二に理性的に演繹される結論のみから成り立っていることである。「単純本質の直観から出発する純粋に理性的な演繹の体系である（伊藤、一九七〇）」ことが、数学の確かさの根拠である。直観と演繹の二つの能力を正しく働かせるための方法をデカルトは「序説」で述べる。

数学は絶対である。神は絶対であるから、数学は神の支配下になければならない。したがって、数学の絶対性の保証は神の存在による。神は存在する。なぜならば、数学の絶対性は神なくしては保証できない。しかるに、絶対である数学が存在するから、ゆえに神は現存する。神は現存するから、数学は絶対的である。

デカルトは数学（幾何学）を自然学の方法とする。このことは、伝統的なアリストテレス・スコラ学的自然学に対する否定である。アリストテレス・スコラ学的自然学は、感覚を媒介とし、即物的であり、人間と自然は一体的である。数学を自然学の方法とすることは、抽象的な数学を媒介とする（数学によって自然を記述する）ことである。「自然は数学の言葉で書かれている（ガリレオ）」という思想を、デカルトは貫徹する。「自然が数学の言葉で書かれているならば、数学的に導かれた法則は真理である。」数学が自然学に応用されるのではなく、デカルトにおいては数学が自然学なのである。この思想が「近代科学」を生むといっても過言ではない。

自然的存在は精神に従属する（デカルトの二元論）。思惟と延長は区別される。したがって、自己の内に見いだされる観念によって、自己の外に在る存在を立証することは不可能である。このアポリアの解決は、神の誠実にある。神は幾何学する。すなわち、延長としての自然は、数学により認識される。ここにおいて、思惟と延長は総合される。この二元論統一の思想の象徴が解析幾何学である。図形（延長）と数（観念：思惟）は座標軸という仕掛けによって、総合（代数論理的総合）化される。

低血圧のため朝遅くまでベッドにいたデカルトが、ぼんやり格子模様の天井を見ていたところ、ハエが一匹天井に止まった。かくして、座標軸の観念がデカルトを捉えた。

空間が直感されている限り、空間とそれを直感する人間は不離不則である。しかし空間が数学的に捉えられ、幾何学化されることにより、人間と空間は乖離し、対峙的になる。この数学的方法により、自然に対峙する人間の意識が判然とする。自我の発生である。「われ思う、ゆえにわれあり」である。

4　幾何学的精神

徳川家光が将軍位についた年に、ブレーズ・パスカル（Blaise Pascal, 1623-1662）は生まれている（前田、一九六八）。父は法律家。幼児期より天才教育を父から受けた。パスカルが数学の魅力の虜にならないうちに、語学を完ぺきに習得させようとして、父は数学書をパスカルから隠した。しかし、パスカルは一二才のとき、何の知識もなしに、円を「まる」、直線を「棒」とよんで幾何学を展開し、ユークリッド原論第一巻の命題32（3角形の内角の和は2直角に等しいこと）まで証明したという。また、三五才頃のある夜、歯痛に悩んだパスカルはサイクロイド曲線（一つの直線の上を円が転るとき、円周上の一点が描く曲線）で囲まれる図形の面積を求めることに熱中した。問題が解けると同時に、歯痛も去ったという。数学者として、自然学者として多彩な研究成果を生み出している最中（三一才のとき）に、パスカルはコンヴァージョン（回心）を経験する。神の恩寵の火がパスカルの心を焼いた。幾何学の研究のみによっては、人間の心は分からないことをパスカルは自覚するのである。生涯、病魔に悩まされたパスカルは、「神捨て給うことなし」の言葉を残して、三九才で没す。数学研究と神学はパスカルの生涯の課題であった。遺著に「幾何学的精神」がある（森有正、一九四七）。以下はその要約である。

第1部　幾何学的すなわち方法的で完全な証明の方法について

論証の理想的在り方には二つの内容がなければならない。第一は予めその意味を明確に説明しなかったいかなる用語も使用しないことである。第二は既知の諸真理によって証明されていない、いかなる命題も提示しないことである。しかし、この方法は絶対的には不可能である。最初の用語を定義しようとすると、それを説明するのに用いる先行する用語を予想し、同様に最初命題を証明しようとすると、それに先行する他の命題を予想しなければならないからである。人間にとって、いかなる学問でも絶対的に完結した秩序の中において処理することは不可能であり、それは生まれながらどうしようもないことである。しかし、ここで反動的に懐疑論に走ってはならない。そのためには、幾何学が示す方法を学べばよい。幾何学は完全には論証的でないが、確実性においては十分である。幾何学においては、あらゆるものを定義するわけではないし、あらゆるものを証明するわけではない。その点で完結した秩序に一歩ゆずる。しかしそれは「人間生具の自然的光明」に照らして明晰で恒常的なものだけを予想する。そういうわけで幾何学は対象を定義したり原理を証明したりすることができないが、しかし、その対象と原理とが極度の自然的明晰さの中にあるということの唯一の特色ある理由によって、理性は推論によってよりも一層有力に説得させられるのである。

第2部　説得術について

意見が魂に受けいれられるには、二つの入り口があり、それらは魂の二つの主要な能力である悟性と意志とである。より自然なのは悟性の門である。より普通なのは、意志の門である。なぜなら、すべての人はほとんど常に証明によって信じようとはせず、興味によってするからである。われわれは気に入るもの以外はほとんど信じない。「我々に快いことを言え。そうすれば汝に聴くであろう」とユダヤ人達はモーゼに言った。

人を説得する術には、説得術（論破術）と気に入る術がある。気に入る術は私には不可能である。

説得術（論破術）は三つの主要な部分からなる。

「定義のための規則」

1. 自明であって、それらを説明するのにより明白な用語がないようなものは、いっさい定義しようと企てないこと。
2. すこしでも不分明な、もしくは曖昧な述語は、すべて定義せずには置かないこと。
3. 用語の定義にあっては、完全に知られた、またはすでに説明された用語のみを用いること。
「公理のための規則」
1. 必要な原理は、それがどんなに明白で判然としていても、果たし承認されうるかどうか問わずには置かないこと。
2. 公理においては、完全に明白なことがらのみを要請すること。
「論証のための規則」
1. 自明であって、それを証明するのにより明白な何物もないようなものは、いっさい論証しようと企てないこと。
2. 少しでも不分明な命題はすべて証明し、それらの証明にあたっては、きわめて明白な公理、もしくはすでに承認されまたは論証された命題のみ用いること。
3. 定義によって限定された用語の曖昧さによって誤らないために、定義されたものの代りに定義そのものを常に心の中で置き換えること。

説得術は神の真理には言及しない。信仰の真理においては、神の愛が知に先立つ。悟性がそれを真とするのは、真理を愛せしめられた後になる。ここで悟性から心情への逆転は、幾何学的精神が自らの有限性を悟ることにおいて生じる（野田、一九五三、一五五頁）。

幾何学者が繊細で、繊細な人が幾何学者であるのは珍しい。しかし、歪んだ精神の持ち主は、決して繊細でも、幾何学者でもない。幾何学者でしかない幾何学者は鼻持ちならない。また繊細でしかない繊細な人々には、思弁的、観念的なことがらの第1原理にまでさかのぼっていくだけの忍耐力を持てないのである（前田・由木、一九六六、六五―六六頁）。

私はデカルトを許せない。彼はその全哲学のなかで、できることなら神なしですませたいものだと、きっと思っただろう。しかし、彼は世界を動きださせるために、神に一つ爪弾きをさせないわけにはいかなかった。それからさきは、もう神に用がないのだ（前出七七節）。

人間はひとくきの葦にすぎない。自然のなかで最も弱いものである。だが、それは考える葦である（前出三四七節）。考えることによって、私は宇宙をつつむ（前出三四八節）。

5　マテシスとしての「エティカ」

（マテシスとは、「代数学を普遍的方法とする」、「人為的な記号の体系」である。換言すればライプニッツ的な普遍学構想における命題論である。マテシスの支配は一八世紀末まで続く〈ウィキペディア〉。）

一五世紀のスペインにおけるユダヤ人大迫害を逃れて、オランダに移住したユダヤ人の子として、バールーフ・デ・スピノザ（Baruch de Spinoza, 1643-1727）はアムステルダムで生まれた。父はユダヤ人社会（ゲットー）の中で財を蓄えたが、家族が次々に死に、薄幸であった。スピノザは秀才の誉れ高く、ゆくゆくはユダヤ教の教師となることが期待されていた。しかし、二四才のとき、「戦慄すべき邪教徒」としてユダヤ人社会から破門された。彼は生涯、清貧の哲学者であった。彼の哲学は彼の実人生から生まれたものである。彼の遺著『エティカ（倫理）』に、「自由人は死について思惟することが最も少ない」と書き、その最後を、「すべて高貴なるものは稀であるとともに困難である」と結んでいる。彼自身の思いが込められている、と読むのは、読み過ぎであろうか（渡辺、一九七七）。

「エティカ」のタイトルには、「幾何学的秩序によって論証された」というサブタイトルが記されている。「エティカ」の書き出しはこうである（工藤・斉藤、一九六九）。

「エティカ」

第1部　神について

（定義）

1. 自己原因とは、その本質が存在を含むもの、いいかえれば、その本性が存在するとしか考えられないもののことである。
2. 同じ本性をもつ他のものによって限定されるものは、自己の類において有限といわれる。（以下略）
3. 実体とは、それ自身において存在し、それ自身によって考えられるもののことである。（以下略）
4. 属性とは、知性が実体に関してその本質を構成するものとして認識するもののことである。
5. 様態とは、実体の変様のことである。（以下略）
6. 神とは絶対無限の存在者である。（以下略）
7. 自由とは（以下略）

8. 永遠とは存在そのもののことである。（以下略）

（公理）

1. 存在するものはすべて、それ自身のうちにあるか、それとも他のもののうちに在る。
2. 他のものによって考えられないものは、それ自身によって考えられなければならない。
3. 与えられた一定の原因から必然的に結果が生じてくる。
4. 結果についての認識は原因の認識に依存する。
5. たがいに共通なものをもたないものは、またたがいに理解しあうことができない。
6. 真の観念はその対象と一致しなければならない。
7. 存在しないと考えられるものは、その本質が存在をふくまない。

命題1　実体は変容に先だっている。
証明　定義3と5から明らかである。
命題2　異なる属性をもつ二つの実体は、たがいに共通なものをもたない。
証明　定義3から明らかである。
命題3　たがいに共通なものをもたないものは、たがいに他の原因となることができない。
証明　たがいに共通なものをもたなければ、公理5により、たがいに理解しあうことができない。したがって、公理4により、互いに他の原因となることはできない。かくてこの定理は証明された。

（以下略）

なぜスピノザは「エティカ」を幾何学のスタイルで書かなければならなかったのか。このような書き方は、スピノザの独占ではなく、そういう書き方があったのだ、といっても、それは理由にはならない。幾何学のスタイルをとらなくても、その内容は記述できる。幾何学のスタイルにする必然性は、「エティカ」の内容からは出て来ない。「幾何学的秩序に従って論証された」というサブタイトルをつける、その言葉の背後に、難民の子スピノザの心性が隠されているという（高山、一九八七）。オランダはユダヤ人にとっては異郷である。スピノザはそのような異郷にある。加えて、そのような異郷で寄り添うべき民族的同一性を絶ち切られた。家族も死に絶えている。スピノザの極限的実存は、彼の存在の位置づけを、絶対的始原に還元する。その思想を表現する形式として、スピノザは幾何学のスタイルを選択した。幾何学は「有無を言わせぬ必然性、闇を照らす光のように内心の明証と確信を伴う真理である」と。

スピノザは「エティカ」において「神とは絶対に無限なる実体」として定義する。「スピノザの思想は、この無限という観念で、神、自然、意志、自由、実体といった一連の語の意味を徹底的に変える」ものである（柄谷、一九八七）。人間は自分が生まれた共同体の中で育ち、それを超えられない。それを超えるためには、何か別の普遍的なものをもってこなければならない。啓蒙主義とはそういう思想である。スピノザはそれを否定する。共同体に内属するという人間の条件は超えることができない。そのことは神の無限による。アリストテレス以来の中世の世界観では、世界には周縁があって、その先は無限定になっている。いわば世界は開かれている。スピノザはそうは考えない。そんな無限定な外部はない。前者では、超越的な神を世界の外に想定することになる。スピノザの神はそうではない。その神は絶対的無限で、その外を考えることはできない。世界の外に神があるのではない。そのことは、自分の帰属する共同体を、人間は絶対に超えられないことに対応している。スピノザの世界は神の無限において閉じている。デカルトの幾何学はユークリッドの幾何学であるのにたいして、スピノザの幾何学はユークリッド的でない。これを非ユークリッド幾何学という（後述参照）。スピノザのこの伝統的絶対的幾何学思想の否定を包含する思想の記述の形式は、公理から出発する幾何学のスタイル以外にはありえなかった。ユークリッドの幾何学が絶対的であったがゆえに、非ユークリッド的記述は幾何学的であらざるをえなかったのである。

スピノザの「エティカ」が幾何学のスタイルで書かれていることは、スピノザの思想の必然性であった。マテシス（数学）は可感的なもの（見えるもの）と可知的なもの（見えないもの）との接続媒介である。いわば想像の論理がマテシスである。すなわち、見えないものを見えるようにする表出の機能がマテシスである。スピノザの「エティカ」が幾何学のスタイルでかかれていることの意味は、マテシスの積極的用法と考えられる（山内、一九八七）。

6　空間の先験性

一七世紀には、新しい数学的・力学的認識理念が勃興する時代であった。「神はその仕事を、神自身と永遠に共存する数学的な原理に基づいて秩序づけた」ということが、近世の自然研究の背景であった。アイザック・ニュートン（Isaac Newton, 1643-1727）の「プリンキピア（自然哲学の数学的原理、Naturalis philosophiae principia mathematica, 一六八七年）」によって示された力学の成功は、強い影響をヨーロッパ思想界に与えた。

プリンキピアでは、ユークリッドの『原論』を用いている。さらに展開の形式も『原論』にならい、最初に公理を示し、その公理を使って証明するという『原論』のスタイルを用いている。

しかし、ニュートンにしても、現代における物理学研究者のイメージはない。中世的思想から自由であったわけではないのである。ニュートンは、創造者である神が宇宙の隅々にまで遍在して、すべての現象を絶えず検知して、常に自然界に手直しをしている、という動的で神秘主義的な自然観を抱いたという（阿部、二〇一六）。ニュートンは錬金術を実践していた。錬金術は物質の完成（金に転じる）のみならず、霊魂の完成を目指す神秘主義の側面を有したものであった。ニュートンは、「宇宙の万物が共感して互いに引き合う」という錬金術の神秘思想から万有引力を発想したというのである。すなわち、万有引力をキリスト教の神と結び付け、宇宙に遍在している神が引力を働かせていると考えたという。

「自然哲学者たちは、自然哲学のみが明らかにすることができるもの、つまり創造主としての神に関心を集中させることになった（リンドバーク・ナンバーズ共編、一九九四、二五八頁）。」ニュートンは結局のところ、伝統的キリスト教神学から非合理的なものを除去しようとした。そして、自然とは「人々の崇拝する偉大な神の寺院」とする（前出、二五六頁）。そして、「プリンキピア」においては、神は法則と同一化される。「ニュートンにとって宇宙は、全能なる神によってつくられた一つの暗号文であった（中村、一九九二）。」そこで、ニュートンは「時間と空間と運動を絶対的と相対的とに区別する。相対的なものは、現象的・通俗的なものであり、絶対的なものは、真なるもの・数学的なものである。時間は感覚的なものと関係付けられて思惟されるのが通常であるが、それにもかかわらず、時間の本性は感覚的なものと全く関係がない。」と主張している。空間も同様に考えられ、絶対空間があることが主張されている。時間と空間はニュートンの神の働きの枠組みなのである。

ここで、当然にも反動として、経験論が登場する。ジョン・ロック（John Locke, 1632-1704）は「原理とするものが真であるかどうかは、先入観にとらわれない経験と観察に基づいて判断されるべきであることを主張する。そうであれば、人間の悟性が事物の本質をそれ自体においてあるがままに理解する能力がある、ということができるのであろうか。自然科学は自然界の至る所に因果の関係を発見する。しかし、デイヴィッド・ヒューム（David Hume, 1711-1776）は、自然学を成立させている「因果律」は、人間の精神的習慣にすぎない、として理性能力に疑いをはさむ。

この批判に応えて、カント（Immanuel Kant, 1724-1804）は、人間の知性能力を批判的に吟味する。彼の主要著作である「純粋理性批判」がそれに応える（岩崎武雄、一九五八年）。

（1）基本用語

以下のために基本的な用語を説明しておこう。

分析的判断：「三角形は三辺からなる」という判断（命題、言明）は、述語の内容が主語に含まれている自己説明的命題である。このような判断を分析的という。分析的判断は特に新しい情報や知識を加えるものではなく、内容がない。

総合的判断：これに対して、「三角形の内角の和は二直角である」という判断は、三角形が三辺からなる、という判断以上の情報を与えている。これは主語に含まれていない新しい内容の述語と主語が総合された判断で、総合的であるという。総合的判断が真であるとは限らない。必然的に真で普遍的な総合判断が、意味のある判断である。三角形の内角の和が二直角である、という判断が普遍的であるから、三角形の内角の和を予め知ることができるのである。

先天的判断：分析的判断の真偽は論理的に結論できる。主語の概念内容を分析して、述語がそれらに含まれているかを確かめればよい。したがって、分析的判断の真偽は経験に関係なく断定できる。経験からは導かれず、理性のみによって導かれる必然的に真である判断を、先天的（アプリオリ）判断という。

先天的総合判断：真である分析的判断は先天的であるが、このような判断は新しい情報をもたらさないから、意味がない。経験的でない判断でしかも分析的でない判断、すなわち「先天的総合判断」こそが学問的に意味がある判断である。カントの批判哲学の根底には、分析的判断からは先天的総合判断を導くことができないという洞察がある。

(2) 先天的総合判断の例証

「三角形の内角の和が二直角である」という命題に普遍妥当性があることは、否定できない。この命題は真である。このことが真であることは、個々の三角形の測定に基づくのではない。論理的演繹によって、前提の真理性が結論に移しこまれていることを逆にたどれば、幾何学における命題の真理性は、公理・公準の真理性にかかっている。ところで、この公理・公準は論理的演繹によっては導けない。導けるとすれば、そこには前提となる真なる判断がなければならない。そのような判断があるとすれば、それは分析的判断ではない。なぜなら、分析的判断から、公理・公準のような総合的判断は導けないはずである。経験に基づく判断は普遍性を持たないから、普遍性をもつ公理・公準が経験から導ける筈がない。また公理・公準を導く普遍妥当な判断を発見することはできない。とすれば、「三角形の内角の和が二直角である」等、幾何学が成立している以上、幾何学の公理・公準は先天的総合判断である。

(3) 先天的総合判断の可能性

それでは先天的総合判断はいかにして可能であるか、を問わなければならない。経験にもよらず、論理的分析からも導かれない先天的総合判断の可能性は、何に基づくのであろうか。我々の認識の対象が、われわれに独立して存在するとすれば、そのような対象をあるがままに捉えようとすれは、感覚的経験を抜きにしては不可能である。しかし、先天的総合判断は経験には基づかないのであるから、こう考えるならば、先天的総合判断は不可能である。しかし、先天的総合判断はあるのであるから、そう考えることが否定されなければならない。すなわち、認識の対象を、認識する人間に対して独立に存在すると前提したことは、誤りである。対象が人間の主観と独立に予め存在して、それを認識するのではなく、対象そのものを、主観の機能（先天的形式）によって、構成するのである。先天的形式なくしては、認識は不可能である。「認識が対象に従わねばならないのではなく、対象が人間の認識に従うのである。」

(4) 先天的形式——空間と時間

直観能力を感性といい、思惟能力を悟性という。人間の認識は感性と悟性の総合によって成立する。普遍的なことが思惟可能であるための手がかりは、悟性の内に先天的に与えられていなければならない。それらなくしては、悟性は働きの場をもてない。それらはカテゴリーと名付けられる。カテゴリーは悟性の先天的概念（ことば）である。カテゴリーによって悟性は客観的判断ができる。

悟性のみでは認識は成立しない。悟性が働きかける対象、すなわち、思惟の対象が与えられなければならない。思惟対象は直観によって与えられる。総合判断は直観の働きを必要とする。（悟性のみでは分析判断が可能であるに過ぎない。）しかし、直観だけでは普遍的判断はできない。

ところで、すべての直観が経験に基づくとすれば、そのような直観が関係する総合判断は先天的ではない。しかし、先天的総合判断があるのであるから、先天的総合判断を可能にする直観の手がかりは先天的でなければならない。すなわち、人間には先天的直観の形式が与えられていて、それなくしては、先天的総合判断はできない。その先天的直観の形式が、空間と時間である。

空間と時間は人間の感性に無関係にあるもの自体が持っている性質ではなく、感性自身が持っている主観的制約である。空間的でもなく、時間的でもない直観はありえない。

空間は感性の先天的形式である。あらかじめ空間の表象がなければ、人間の外的経験は不可能である。経験から抽象した経験的概念としての空間を考えることは倒錯である。空間が概念ならば、その概念を構成するためには、「多くの空間」が存在しなければならない。しかし、空間の表象（イメージ）は本来一つであるから（幾何学は一つであるから）、空間は概念でなく、直観である。また、何もないという空間は考えられるが、空間そのものが無いというイメージはわいてこない。したがって、空間は先天的である。空間は、それなくしては表象・イメージをもつことができない先天的直観の形式である。

(5)　壮大なる循環論

以上の議論をまとめると、以下のようになる。空間が概念であれば、それについての判断（幾何学的判断）

は分析的である。しかし幾何学においては総合判断がされている。よって空間は概念ではなく直観である。さらにその直観は経験的ではない。なぜなら、もし経験的であれば、空間についての認識は経験的であって、普遍性を持たない。しかし、幾何学は普遍的であるから、経験的でなく、先天的認識の結果である。よって空間という直観は先天的である。そしてまた、空間が先天的直観であるから、幾何学における公理・公準は先天的総合判断なのである。

これは壮大なる循環論である。この循環論法のリズムこそは、感性と悟性のハーモニーであり、直観と論理の緊張である。この緊張こそが幾何学を成立させているのである。幾何学における先天的総合判断は、この緊張の支点に支えられて成立している。

十七世紀の思想家の論は、その時代に急激な発達した自然科学への絶対的とも言える信頼感を前提にしている。さらに、西欧の思想の根底には常に数学の思想的影響を無視することはできない。古来からある数学信仰とも言うべきことが、数学を用いた自然科学の発達によって、さらに強固になった。数学的方法の合理性は、すべての学問の規範となったのである。この数学信仰を理解しない限り、カントの弁証は砂上の楼閣である。

エーゲ海の空は青く澄んでいた。人々はその透明さに心奪われ、かつてわきおこり、やがて消え去ったエレヤの暗雲に気づかない。エーゲ海は平和であった。「幾何学は人間理性の幸いであった。」

神の自己啓示の接続媒介としての数学的認識は、啓蒙時代にいたって、人間の理性能力の弁証の接続媒介に転移する。神が理性に置き変わったのである。神が理性に置きかえられて、神から断絶した数学は、ひたすら相対化の道を歩むことになる。その消息は絶対を誇った「原論」の技術的落とし穴の発見から始まる。

7　相対の世界へ

(1)　平行線公準

イデア界を弁証し、自然的光明によって明晰さを保持し、先天的総合判断を根拠づけたユークリッドの『原論』の絶対性は、西欧の思想界に君臨した。その陰で、数学者の営みは営々として続いていた。すなわち、『原論』をより明晰な論理的体系に整える作業が続いていたのである。

原論第5公準の不透明さが、数学者の関心を強く引きつけていた。注目したのは、第1から第4までの公準に比較して、第5公準（次記）が単純でないことである。原論においても、その演繹において第5公準に基づく場面が登場するのは、第1巻・命題29である。いわば第5公準を用いることをできるだけ避けようとしているように思われる。第5公準は不透明である。

第5公準で保証する交点は有限の点である。しかし、公準の叙述に「限りなく延長すれば」の一句が挿入されている。ギリシア人は漸近線の知識をもっていたから、限りなく延長した線の交わりは、無限遠点である可能性を否定できない。第5公準はきわどいのである。このきわどさを回避する数学的作業を「平行線問題」といった。

第5公準
1直線が2直線に交わり同じ側の内側の和を2直角より小さくするならば、この2直線は限りなく延長されると2直角より小さい角のある側において交わること（下図）。
数学者は第5公準を、論理的に同値なより明晰な命題で置き換えることを試みた。そのような研究から、通常「平行線公準」と言われる次の命題が『原論』の枠組みの中で証明された。

「平行線公準」（下の図で）直線 L上にない一点 Pを通ってLに平行な直線は一本あって一本に限る。

「上の平行線公準と原論第5公準は論理的に同値である。
この意味は次に示す証明から理解される。
原論の体系において、平行線公準が証明できる。

(2)『第2原論』
『原論』の体系で、第5公準を「平行線公準」で置き換え、

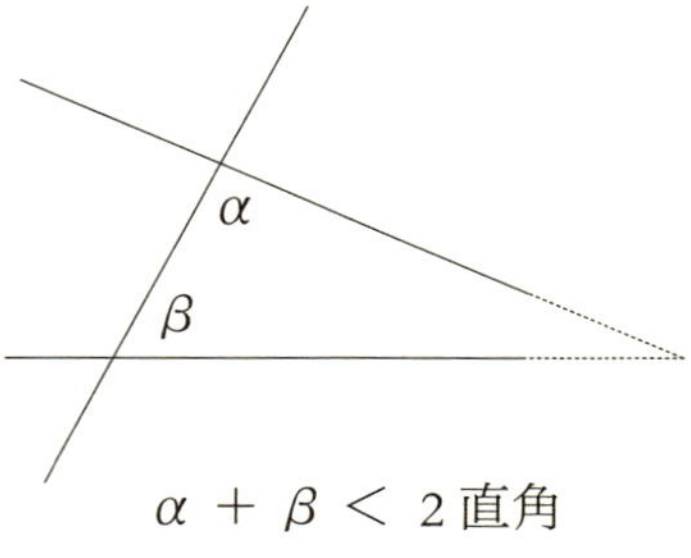

$\alpha + \beta <$ 2直角

第5公準

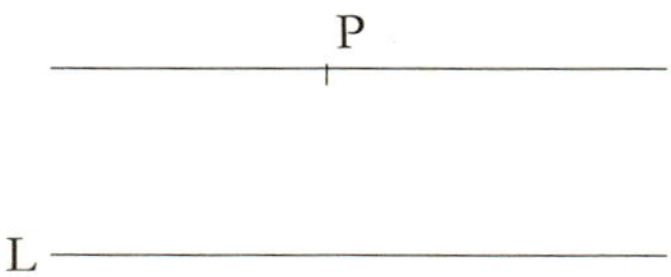

平行線公準

その他の公準等は同一とする新たな体系を、『第2原論』としよう。すると『第2原論』において、『原論』の第5公準が証明できるのである。ということは、「平行線公準」と『原論』第5公準は論理的に同値である」ということになる。すなわち、『原論』の体系と『第2原論』の体系が同じ内容である、ということである。したがって、『原論』においては、第5公準を平行線公準で置き換えて議論してよいことになる。

(3)　定義とは何か

『原論』の第5公準をより自明な命題で置き換えたいという数学的課題は、さらに進んで、第5公準が『原論』の展開で本当に必要か、という議論にまで発展した。この方向の議論には二つの考え方が登場した。一つは、平行線の定義問題である。第2は、第5公準削除問題である。

定義問題とは、平行線の定義を適切にすれば、平行線公準は、議論の前提にしなくてもよい、という議論である。その典型的な例が、ボレリ (Borelli, 1658) の主張である。

すなわち、彼は「平行線とは、一平面上の直線に、同じくその平面上にあって、等距離の直線である」とする (下図)。平行線をこのように定義すれば、原論の内容は第5公準なしに展開できる。しかし、この定義の問題性は、等距離線が直線であ

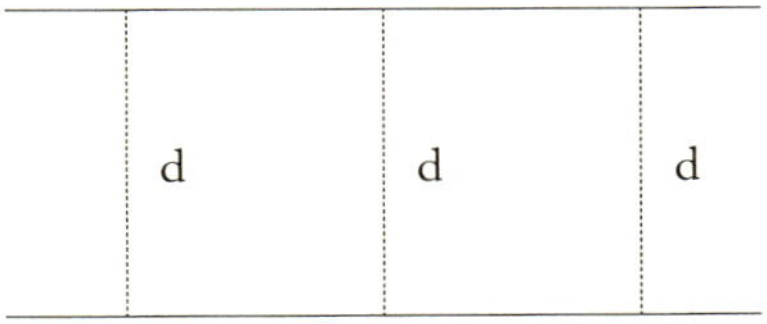

等距離線

ることを前提にしていることである。しかし、等距離線が直線であることは、実は平行線公準と同一内容である。

定義変更論の本質的問題は、定義とは何か、という古代からのテーマに深く関係している。定義には、いわゆる実在的定義と名目的定義がある。実在的定義は事柄の本質がいかにあるかについて述べるものである。いわば実在をトータルに把握する。『原論』における定義は、実在的定義である。アリストテレスは実在的定義を重要とした。中世スコラ哲学では、普遍な実在を否定して、実在するのは個々のものだけであるとした。定義とは単に言葉の明確な指示に過ぎない。普遍概念は個々のものの後に作られた一般的記号であり、名前に過ぎない、というのが名目的定義である。パスカルは、その幾何学的説得術で、「定義されたものの代りに定義そのものを常に心の中で置き換えなければならない」と主張している。

定義が名目的になればなるほど、公準の役割は増大してくる。実在的定義では、対象の本質が定義そのものの中に含みこまれているが、名目定義ではそうでないから、対象の本質は、それがいかに自明であっても、前提（公準）として述べておかないと、議論は混乱する。直線の実在的定義には、「二点を通る直線は一本しかない」という内容がふくまれている。直線ということが名目的であれば、それは単なる名前であるから、直線についての上の命題は、公準として述べておかなければならない。平行線問題を、定義の問題とした数学者たちは、以上のような定義にかかわる本質的問題を認識していなかったのである。

(4) 数学的汚れ――第5公準削除問題

もしも、『原論』の全内容が、第5公準を用いないで、第1から第4までの公準から導かれるならば、その方が議論の在り方としては優れていると考えられる。前提は少ないほど、体系としては美しいのである。『原論』において、第5公準を前提としなくても、全体系が展開可能ならば、その方が学問的に価値がある。そこで、第1公準～第4公準を前提にして、第5公準を証明する研究が行われた。その代表格の一人がサッケリー（Girolamo Saccheri, 1667-1773）である。イタリアのカトリック僧・大学教授サッケリーは、「あらゆる汚点から清められたユークリッド、一名全幾何学の原則の基礎づけのための幾何学的試み」と題して、第5公準の証明を研究した。第5公準は汚点なのであった（以下、近藤、二〇〇八参照）。

第5公準を証明することは無謀に近い。ありきたりの手段で、その目的を達成できるはずがない。直接的な直観によることは許されない。「想像によらず、感覚にもよらず、理性の光に照らされた直観によらなければならない。」これを「デカルト的直観」という。

サッケリーは『原論』の最初の26個の命題（第5公準を必要としない命題）に、平行線公準を偽とする仮定を加えて、演繹を繰り広げ、そこに矛盾を発見しようとした。背理法の利用である。平行線公準を偽とする仮定は、常識では承認できない。したがって、この前提から出発するためには、常識を排除して思考を継続する「方法的懐疑」を、貫徹する強い精神的態度が必要である。サッケリーは次のことから出発する。

次頁の図で、線分ABに垂線AC, BDを立て、AC=BDとする。（平行線公準を偽としているから、図形は直方形のように見えるとは限らない。）

角ACD=角BDC=αとなる。これらの角をサッケリーの角といい、この図形をサッケリーの図という。（ABの垂直二等分線を立て、それについて折り返して見よ。）このとき次の三つの場合が可能である。

　直角仮説：αは直角である。

鈍角仮説：αは鈍角（直角より大）である。

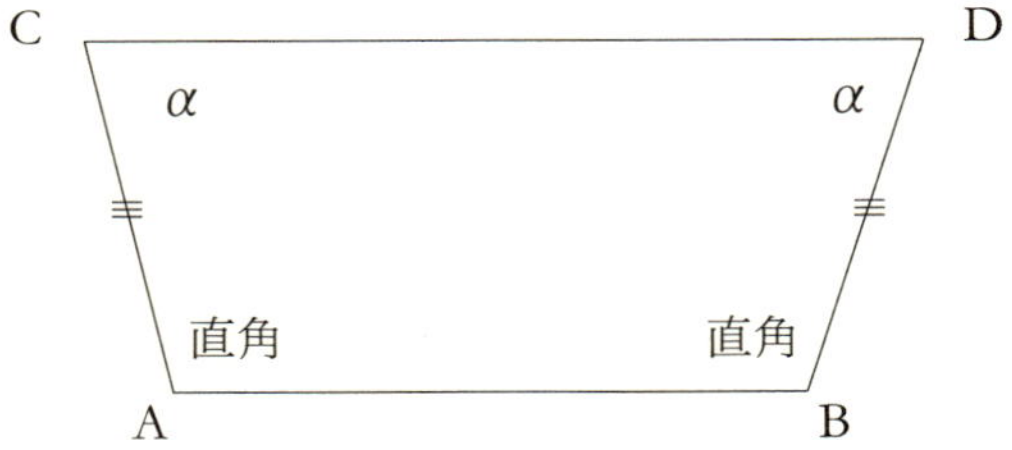

サッケリーの図

鋭角仮説：αは鋭角（直角より小）である。

（αが鋭角ならば、3角形の内角の和は2直角より小さいことになる。）

ここで、次のことが導かれる…

αが直角ならば、三角形の内角の和は2直角に等しい。

αが鈍角ならば、三角形の内角の和は2直角より大きい

さて、鈍角仮説からは、3角形の2つの内角の和が2直角より大きいことが導かれる。これは、原論第一巻命題17（三角形のどの二角の和も2直角より小さい。）と矛盾する。よって鈍角仮説は否定される。

あと鋭角仮説が否定されれば、直角仮説が真となり、3角形の内角の和が2直角となり、第5公準が真という結論が得られることになる。サッケリーは、鋭角仮説から論理的に推論し、32個の命題の連鎖を創り、結論として次のことを導いた。

「限りなく近づく2直線で無限遠点で共通垂線を持つものがある。このことは直線の本性に反する。よって鋭角仮説は自己自身を破壊するから、完全に偽である。」

このサッケリーの結論に同意できるだろうか。無限遠点での事態が、有限の位置における事態のアナロジーにおいて解釈されていることの真理性は保証されているのか。サッケリーは答えていない。

(5) 真理の王国――思惟可能性

スイスの洋服屋の息子として生れたランベルト（Johann Heinrich Lambert, 1728-1777）は、独学で数学を学び、平行線問題に出会った。この問題に立ち向かう彼の数学観は、新しい世界を展開する重要な基礎になった。彼は言う（近藤、前出参照）。「実在の認識には先天的なものと、後天的なものが交錯している。先天的なものは形式であり、単純概念（単純表象）であって、それは直接に一回だけ対象を考察しただけで得られるものである。そのような単純概念は、観察を繰り返すことによって、帰納的に得られるものではない。このようなものをアプリオリという。対象の不変な本質が唯一回の観察だけで一挙に獲得されたものとして、幾何学の対象である点、直線等と公準がある。これらの単純概念が一旦獲得されると、そこで認識の仕方は方向転換する。第一に、これらの単純概念の可能な組み合わせにより、新たな概念が得られるが、この概念もアプリオリである。例えば、点と直線の位置の可能性から、角、円などの幾何学的概念が得られる。これらのアプリオリなものの、経験によらない考察のみで、多くの結論を必然的に導くことができる。このようにして得られたアプリオリなものの世界は、思惟可能な世界で、事実の認識には欠かせない。すなわち、経験を理解し統一するためには、あらかじめ単純概念からの総合的合成によって展開された「真理の王国」が必要である。可能なあらゆる概念と命題の全体系を展開しておけば、様々なことがらは、その体系の部分として知ることができる。」ランベルトによれば、数学とは、単純概念の獲得、すなわち、定義および公準における事態の表象とそれらの合法則的組み合わせを基本とする思惟可能な世界の展開である。

ユークリッドの『原論』は、このような思惟可能な世界が展開されたものと理解される。そのように考える理由は、『原論』においては、証明する必要がないくらい自明なことを、あえて証明している。すなわち、思惟可能性を原論は追及しているのである。特に、それほど自明でも明瞭でもない第5公準（平行線公準）が、議論の前提としておかれていることは、これこれのことを仮定すれば、しかじかのことが結論できる、という思惟可能性を『原論』は提示していることの徴《しるし》である。第5公準は単純ではない。その理由は、「限りなく延長されると」という無限性が含まれていることにある。したがって、第5公準は単純でないからアプリオリではない。よって、思惟可能な世界を展開する前提としては適切でない。もちろん第5公準（平行線公準）の真理性に問題があるのではない。思惟可能な世界を完全に展開するために、それを証明する必要があるのだ、とランベルトは考えた。

ところで、原論の第1〜第4公準の本質は形式である。このような形式から導かれることは高だか関係に過ぎない。しかし、第5公準は空間の本質に直接触れる事柄を含んでいる。いわば幾何学的質料である。したがって、第1〜第4の公準から、ありきたりの方法で第5公準を導くことはできない。ランベルトの時代の思想は自然科学である。ガリレーの実験的仮説の方法のアナロジーをランベルトは取る。第5公準はアプリオリには真でないから、これをまず仮設とする。他に可能な仮説として、鈍角仮説と鋭角仮説がある。この二つの仮説からそれぞれに展開される結果と事態とを対照して、不合理なことが発見できれば、これから逆にさかのぼって、鈍角仮説と鋭角仮説が偽であることが示されたことになるであろう。

以上の思想的基盤を固めて、ランベルトは鋭角仮説が偽である証拠を握った。すなわち「三角形の内角の和は2直角より小さく、しかもこの角不足（2直角と内角の和との差）に三角形の面積は比例する。」ことを、鋭角仮説から導いたのである。

ランベルトの結論が事態と照合してどうして矛盾なのか、示しておかなくてはならない。角不足に三角形の面積が比例している、とする。単位の長さを一辺とする正三角形に一定の角不足が確定する。直角は（直線を引くことと円を描くことを許された操作として）作図可能であるから、角は絶対量である。したがって、角の絶対性を媒介にして、単位の長さが絶対量となる。これは矛盾である。なぜなら、長さの単位は社会的取り決めであって、作図できない相対量であるから。（1センチメートルの長さは定規とコンパスで作図できない。）

真理であると信じられたことを、あえて仮設化して、思惟可能世界の追及を試みることは、絶対的世界を相対化する危険をはらんでいる。時代は革命的様相を帯びてきた。ランベルトは鋭角仮説を完全に否定できた、と断定できるのであろうか。ランベルトは永遠に沈黙した。

(6)「非ユークリッド幾何学」の成立

幾何学において平行線理論がユークリッドの時代以来二〇〇〇年の間にわたって、多くの人々によって研究されてきたにもかかわらず、むなしい事実しか生み得なかったことから、証明しようと欲する真理がそれらの概念の中にはないのではないか、と人々が考え始めたのは当然の成り行きであった。そして結局第5公準は他の4公準からは証明できないもの、すなわち独立な命題なのではないかという考えが広まった。

ところでこういう疑問が出てくる出発点は、第5公準の自明性に対する疑いであったから、ユークリッドの『原論』自体が虚偽である可能性もなくはなくなってくる。空間に対する人々の新しい態度がここに要請されてきたわけである。これに答えて、ロバチェフスキー（Nikolai Ivanovich Lobachevsk, 1792-1856）、ガウス（Carolus Fridericus Gauss, 1777-1855）等の研究者が登場する。ここで述べておかなくてはならないことは、当時の思想界におけるカントの影響である。彼の哲学は平行線論議に大きな刺激を与えたという。前章で述べたように、

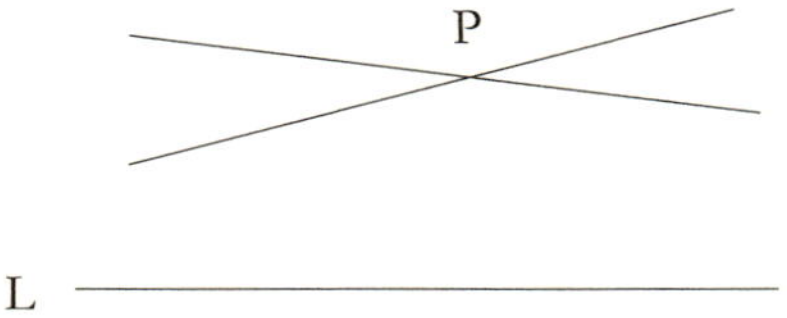

ロバチェフスキーの公理

彼によれば、空間は先天的直観の形式である。したがって、すべて幾何学的原則は先天的直観から必然的確実さをもって導き出されるのである。空間がアプリオリの直観形式であるから、いずれかの幾何学が、例えばユークリッドの幾何学でなくても、直観的に自証的に真でなければならない。空間は絶対であり、幾何学は一つしかあり得ないのである。

ところで、アプリオリなものに特有な直観的自証性が、平行線公準にはない。よってこれをもっと自明な公準から導き出そうという要求がカント哲学の影響から出てきたことが推察される。

さて、ロバチェフスキーは、空間についての真理は自然自体の中にあり、それが実験・観測によってのみ定められるという思想を持った。彼は直観的自証的な幾何学の命題もその起源を尋ねると、恣意的であるとみなさざるを得ない。したがってそれは仮定であり根拠が問われねばならない。それは自然において問われる。ところで自然においてはわれわれは運動しか知らない。幾何学的概念は運動の諸性質から人間の悟性によって作られたものである。空間は、したがってその幾何学は、それ自身としては存在しない。自然の諸々の力に照応して、それぞれの幾何学があり得る。故に、自然における若干の力が、一つの幾何学に、他のものがそれの幾何学に従うことを許すとき、それはわれわれの悟性に対して何ら矛盾するものを持っていない。幾何学は唯一ではない。このように考えてロバチェフスキーは、第5公準が本当かどうか分からないものであるならば、その代わりにそれと反対の命題を置き換えても、同じく正当らしい幾何学ができるだろうと考え、第5公準を否定するつぎの命題を第5公準の代わりとし、他の4公準はそのままにして、ここに一つの幾何学を作り上げてしまったのである。これを「ロバチェフスキー幾何学」という。

「ロバチェフスキーの平行線公準」（前頁図）

与えられた直線Lとその上にない1点Pに対して、Pを通りLに平行な直線は（少なくても）2本存在する。

結局、ロバチェフスキー幾何学においては、つぎの命題が証明された。

命題　3角形の内角の和は2直角より小さい。

もちろん、この命題は『原論』と矛盾する。

(7)　絶対の崩壊

先に、ロバチェフスキーは、空間についての真理は自然自体の中にあり、それが実験・観測によってのみ定められるという思想を持ったことを述べた。したがって、『原論』が真か「ロバチェフスキーの幾何学」が真かが問われることになった。ガウスは、実際に広域に渡る3角点を実測して、3角形の内角の和が2直角か、それより小さいか、決定することを試みたが、誤差の範囲内の差で、いずれが真か偽か決定できなかった。

しかし、その後研究が進展し、つぎのことが分かった。すなわち、もしユークリッドの『原論』に矛盾がないならば、ロバチェフスキーの幾何学にも矛盾はない。両者は論理的体系としては、両立しているということである。ここで、ユークリッドの『原論』は、完全に相対化されたことになる。幾何学を含む数学の研究は、それ自体が目的になり、あるいは科学・技術を発展させる道具となる道を辿ることになる。数学の思想性は霧散するのである。

参考引用文献

アレクサンドル・コイレ、一九七四、「コスモスの崩壊」白水社。

パスカル・森有正訳、一九四七、『幾何学的精神』創元社。

リンドバーク・ナンバーズ共編、一九九四『神と自然』みすず書房。

W・V レーヴェニヒ、一九八四、「アウグスティヌス」日本基督教団出版局。

阿部正紀、二〇一六、「科学の本質を探る」http://www.christiantoday.co.jp/articles/21287/20160628/kagaku-no-honshitsu-42.htm（閲覧日二〇一七年十二月一日）

泉治典編、一九七七、『アウグスティヌス』平凡社。

岩崎武雄、一九五八、『カント』勁草書房・思想学説全書。

岩崎武雄、一九八七、「スピノザの無限」『現代思想』九月号。

柄谷行人、「スピノザの無限」『現代思想』一九八七年九月号。

工藤喜作・斉藤博訳、一九六九、「エティカ」『世界の名著25』中央公論社。

高山宏、一九八七、「豚のロケーション」『現代思想』九月号。

田中仁彦、一九八九、『デカルトの旅・デカルトの夢』岩波書店。

服部英次郎訳、一九七六、『告白』岩波文庫。

前田陽一、一九六六、「パスカルの人と思想『世界の名著24』中央公論社。

前田陽一・由木康訳「パンセ」一節、『世界の名著24』中央公論社、一九六六年。

山内志朗「スピノザとマテシスの問題」『現代思想』一九八七年九月号。

山下一道、一九八五、「クザーヌスにおける神理解と世界の構造」上智大学中世思想研究所編『キリスト教的プラトン主義』創文社。

山田桂三訳、一九九四、ニコラウス・クザーヌス『学識ある無知について』平凡社ライブラリ。

渡辺義雄、一九七七、「スピノザ素描—没後三百年によせて—」『図書』三月号、岩波書店。

V 科学論の視座

1 科学論は時代の要請

これからサイエンスに携わる人は、自分の科学論を持たなければならないと思う。それぞれの人が科学論を持つということは、いわば一つの時代的な要請として、われわれに深く関わってくるだろう。特に最近は、百家争鳴で、科学について色々な議論がなされている。それだけに事態は深刻であり、そして、この事態をどのように理解し、切り拓いて展望をもつか、それがいま問題になっているわけだが、誰も答を出せない。色々な試みが提案されてはいるが、どれかが決定的であるとも思われない。そして、科学を根幹とする文明は、いまや衰退期に入っているということは、誰しもが感じている。しかし、にもかかわらず、われわれは科学文明の持続を当然のことのように考えているようでもある。本当に科学文明は衰退するのか、衰退した場合、科学文明に変る新しい文明がいかにして起ってくるのか、何とも言えないのである。科学文明を衰退させるのはわれわれであり、全く新しい文明を切り拓くのもわれわれだ。こういう情況の中で、おそらく科学論というのは、それぞれの人が自分自身の命題として引き受けざるを得ないだろう。

ところが、非常に奇妙なことに、このような考えを持つ自然科学者はあまり多くない。ほとんどの自然科学者は、科学論などは自分とはかかわりない、科学論なんかやっていれば科学者としては一人前になれない、そういうような考え方が、おそらくはほとんどの科学者の考え方ではないか。科学論だとか科学技術批判などについて発言する人は、どちらかと言うと、科学そのものの現場からちょっとズレている者である。ヨーロッパなどで、詳しく調べたわけではないが、科学論にかかわる人で目立つのは、哲学者は別として、数学者くずれではないか。科学者もくずれたのが科学批判をやる、と科学者の間で評判が悪い。哲学者はさかんに問題にするけれども、科学者は哲学者の発言に重きを置かない。そういうことでよいのだろうか。著者は数学者だが、あの数学くずれがまた何か言い出した、ということで無視されてしまう。これでよいのか。時はまさに迫っている。一刻の猶予も許されない。科学文明の帰趨はもう決っている。大変な事態が来るのではないか。エネルギー資源の枯渇と合わせて、現代を支えている文明が、あのギリシア文明が滅びたように、間もなく滅びゆくであろう。そういうクリティカルな時代のただ中にあって、科学者は時代の問いの前に立たされているのではないか。

いま最も必要とされていることは、科学者自身が科学批判を展開することができる、ということではないか。もちろん、そのような営みは二律背反であり、自己分裂的であるから、容易なことではない。にもかかわらず、こういうことを主張するのは、自己矛盾的営みを可能にする思想こそが、この時代の危機を乗り越えるのだ、という期待の表現にほかならない。

科学は、それぞれの専門ごとに、その営みは相当に分散している。生物学と一括して言うけれども、その中身は極めて多様である。そういう様々に分極化している科学の総体というものを考える科学論というものは、まさに抽象である。現場の科学者はそういう抽象にあまり意味を見出さない。しかし、われわれは、普遍的な把握というものを常にしていないと、結局はタコ壺的になり、自分自身が一体何をやっているのかわからなくなる。局所的な営みが、常に全体の中で問われていなければいけない。そういう意味を科学論は持っていると思う。

局所的な営みということは、実は、科学それ自身が運命づけられていることであって、もしこのローカリゼーション、局所化という操作がなければ、科学そのものの営みはおそらくは成立しなかったであろうと考えられる。そのことについては、後で多少詳しく考えてみることにする。そういう個々の営みが、科学論とかあるいは科学とかいう、普遍的、抽象的に呼ばれている総体の中で、どういう位置を持っているのか、当然にも問われる。そして逆に科学論そのものが、科学者自身の具体的な営みの場面から、チェックされなければならない。そういう二面的な方向性というものを、われわれの思考の中に取り込みたい。そういう思考がいま要求されているのではないか。

2　科学者の内在的世界

さて、どこから論ずればよいのか、を思いながら、脳裏に浮かんだ旧約聖書の言葉がある。「もろもろの天は神の栄光をあらわし、大空はみ手のわざをしめす。この日は言葉をかの日につたえ、この夜は知識をかの夜につげる。話すことなく、語ることなく、その声も聞えないのに、その響きは全地にあまねく、その言葉は世界のはてにまで及ぶ。」文語訳では、「この日言葉をかの日に伝え、この夜知識をかの夜に告げる」と力強い。

今、東京の空にはほとんど星が見えない。数十年前、娘が中学校の宿題で星空を観察するのに付き合ったことがあったが、ほとんど星が見えない。しかし、大自然の中で見る星空というのはすごい。東京の人には想像がつかないようなすごい星空が見える。あの天空、仰むけになって十分間でもじっと、無念無想で凝視して見よ。心の中に何ごとかが響いてくることであろう。この世ならぬ、かの世の響きが。そういう、いわば詩的な世界というものは、言うまでもなく科学の世界からは排除されている。科学というのは詩ではない。文学ではない。しかし、それでは科学というものが本来、詩とか文学とかそういうものと全く関わりないものであったのか。科学と詩とは全く本質を異にするものであるのか。

なぜ科学者は科学の研究に没頭するのか。そこには、何か絶対的な世界があって、それぞれがそういう世界からの誘因と対峙している、そういう存在そのものにまとわりついている、何かあるたたずまいというものが、そこにあるから、科学者は研究に気がふれるほどに熱中する。古典的な言い方をすれば、その絶対的なものは何であるか、それは隠されている真理だ、というわけである。真理という言葉は現代人には何か、絵空事のように感じられるだろうが、科学者はやはり、そういう絶対的なものを前提にしているのではないか。数学でもそうである。数学は芸術だとよく言われ、数学は創造的営みである、と言うのだが、では無から何かを造り出すのかというと、そうではない。芸術家の創作活動もただ何かを造っているのではなく、何か内在的な世界があって、そういう何かに触発されて表出されるものを形にしているのであろう。

ノーベル物理学賞のメダルの裏を見ると、ギリシア風の二人の女が描かれている。一人の女の顔はベールで覆われている。そしてもう一人の女こそは、そのベールを開くサイエンスである。サイエンスとは何であるか。真理の女神を覆うているベールを取り除くことがサイエンスであるという、そういう思想をそのメダルは表現しているのだろう。

科学とか数学とかの営みをするときには、絶対的な、真理というような言葉で表すほかはないような、ある実体が前提にされているように思われる。では、そういう発想というか、思想の根源は何かというと、それは言うまでもなく宗教であろう。そういう発想の根源にあるものは、宗教的感覚である。ところが、いわゆる現代の通俗的科学観は、宗教的なものと科学的なものとは関係がない、あるいは対立的に捉えている。そこで、そのように両者は関係ないのだというところにこそ、実は現代の科学文明の問題性の根があるのだという見解が提起されはじめている。本来、宗教的な枠組の中で考えられていたものが、非宗教的世界に投影され、限定された、ところに実は問題の根源がある。そこで、もう一度科学というものを、宗教的な、あるいは神秘的な世界観との関わりの中で見直したい、という思想の流れが、いま見られるように思う。

それでは、そのような考えで一体どこまで答が出せるのか。「宗教論の視座」といったものを設定しなければいけないことになる。科学で切断されてしまった真の宗教というものをここで考えないことには、この切断を回復することはできない。いわば科学への情熱、近代科学のパトスとエートスはどこからきたか。事態はそう単純ではないのだが、にもかかわらず、キリスト教のポジティブな貢献は否定できないと思う。

近代科学が含みこんでいるキリスト教の構造については、村上陽一郎が、つぎのように指摘していた（村上、一九八五）。「第一は、この自然が神の作品で人間が神の模型だとすれば、人間はある程度自然を理解できるという確信。第二は、この人間に理解された自然の上に、人間のすみかとして与えられた自然をよりよく改良していこうとする技術支配・制御の感覚。第三は、出発点から終末に向かう一回限りの直線上の進歩的な時間構造である。」パラダイムの基本論理型の視点から考えると、唯一神信仰の論理型は、まさに科学の論理型と同一であると言えよう。すなわち、その論理型は、直線的で、一方向の因果性を認め、一様性を前提とし、唯一の真理しか存在しないとする。このような論理型はキリスト教の決定的影響の下で発生した、と言われているのである。

さらに、キリスト教は言の宗教であって、その影響は科学の成立にとって決定的であると言われる。すなわち、科学とは、「近代社会の人間が、言語で世界を構築し、理解しようとした試みであった。だから科学とは、実は言語と世界像という問題である」と言う（栗本、一九八五）。ここで指摘されている問題について、注意しておきたいことは、以上の論が科学批判に接続し、したがって、キリスト教批判にまで拡大されていることである。

3　科学と宗教

中世に於ける科学と宗教の衝突ということは、本当の意味での衝突ではなかった。別の言葉で言えば、真の宗教と科学の衝突ではなくて、疑似宗教と疑似科学との衝突であった。本質的にはキリスト教は科学にとってパトスであり、エートスであった。そういう考え方の根底にいわゆる絶対的な真理観がある。したがって、科学というのは、悪ではなく、それ自体はむしろ善であった。人間は、科学を営むように造られた存在であった。科学的営みというのは、神が造りたもうた被造物の中にある真理を知る、ということだ。そして、その被造物の中に隠されている真理を知るということは、知ることを通して、神の営みの業を崇めることになる。いわば、神の真理性というか、神の絶対性のすべてとは言わないけれども、神の真理性の一部を科学は明らかにすることにおいて、中世的な言葉で言えば、神の栄光を崇めることになる。したがって、科学というものは信仰と相矛盾するものではなかったのである。

ところが、ここでおかしなことになる。近代科学の一つの特性はいわゆる客観性ということである。それは科学における無前提の要請である。科学というのは無前提から出発しなければいけない。別の言葉で言えば、自由ということである。何ものにもとらわれない絶対的自由な立場での認識性を確保しなければ、科学というものは歪んでしまう。そうすると、宗教というものが科学のエートスでありパトスであるとすることはおかしなことになる。科学の本性は無前提性を要請する。しかるに、科学が宗教に支えられて、ということではおかしいという反論が当然にも出てくる。これは、現代の科学を過去に投影した判断である。

しかし、人間の営みの中に、そもそも絶対的無前提の立場ということがありえるのか。科学における観察や実験も、何ものにも捉われない絶対的な無前提ということはないのであって、実験という営みそれ自体は何らかの理論負荷性をぬきにしてはあり得ない、ということはいまでは常識である。科学の実験に限らず、およそ認識という営みは、何らかの意味で、理論負荷性、あるいはパラダイム、一つの枠組を前提として持たざるを得ない。絶対的に無前提なる認識などというものは不可能である。

アウグスティヌスの「告白」の中に、アウグスティヌス流の認識論が出てくる（前章参照）。それは非常に興味深い。あの時代にすでにいま問題にしたようなことがとりあげられていた。彼は問う。そもそも記憶とは何か、と。認識とは何かと。彼に言わせると、人間には記憶の奥庭があるという。記憶の奥庭とは概念の倉庫である。それで、認識というのは、記憶の奥庭をさぐって、記憶（概念）と出会うことである、と考えている。プラトンで言えば想起ということなのだろう。記憶の奥庭というものが前提されて、はじめて認識ということが可能となる。とにかく絶対的な無前提などということはあり得ない。唯物主義者でもその例外ではあり得ない。人間という存在は必ず何らかの宗教的事態をとり込んでいる。

絶対的前提は無前提を要請する科学と矛盾することではない。こう言うと、そのような考えはパラドクスだと言われる。だが、そうではない。パラドクスには違いないが、深い意味でそれは整合性を保っている。その事態を皮相的に、浅薄に考えてはいけない。

科学のパトスとエートスには宗教的起源が少なくともあった。それでは現代科学のパトスとエートスは何か、それが問いである。

4　現代科学の回帰点

現代の科学における営みというのは、宗教的なパトスとエートスによっているのではない。現代における科学とは何であるのか、それは大きな問いとしてわれわれの前に投げ出されている。先ほど述べたような科学をめぐる一つの世界観は、現代では通用しない。ほとんどの人はそういう立場からは科学を見ていない。それでは科学が現代の形になった原因は何なのか。どこでどのように変質したのだろうか。

現代科学の一つの特質として、先ほどは無前提性ということについて考えた。もう一つの科学の性格に、没価値性ということがある。科学は価値から自由である。価値から自由であるという命題は、極めて高尚な命題であるが、現実の科学は価値から自由であるよりも、妙な言い方だが、無価値（valueless）なのである。そういう没価値性の要請というのはどこから出てきたのか。

科学が誕生する土壌にキリスト教思想があると言ったが、ヘレニズムの影響も見逃すことはできない。もっとも、ヘレニズムが直接的に近代科学の誕生に影響したとは言い切れない。特に、「科学」ということを、近代以後に限定すれば、これから述べることはおかしいことになる。しかし、ここでは科学ということをより広く考え、西欧的知の一つの特質として捉え直せば、そういうことへのヘレニズムの影響については、もっと直接的に語れるのではないかと思う。

ここで、本題ではないがニュートンそのものの「ニュートン力学」と、相対性理論の枠組の中でのニュートン力学とは異なるものである、と言われる。しかし、そういう考え方に徹すると、普遍とか一般化ということは論じられなくなってしまう。そうなると、著者のような論じ方は一切禁止しなければならないことになってしまう。それでは困る。そこで一つの類比だが、こんなことを考える。数学で実数論、有理数域を実数域に拡張する議論だが、そこでは、有理数域を基にして、実数を構成する。構成された新しい数域には、形の上ではもとの古い有理数域はそのままの姿では登場してこない。実数域の中に有理数域が含まれているのだが、それはもとの有理数域そのものではない。しかし、数学者は同型性という論理によって、新しい有理数域と古い有理域数との区別を解消してしまうのである。ここでの本質は論理である。こういう考え方が科学論においても役に立ちはしないか、と思うのだが、いかがであろうか。

さて、本論にもどる。現代科学の源流はどこか。ヘレニズムまでさかのぼることができるのか、問題があるが、にもかかわらず、科学論の出発点はやはり古典期のギリシアの自然哲学に戻らざるを得ない。さて、いま問題にしていることは現代科学の特質とされる没価値性の問題である。科学が没価値的であるというのは一つの神話だろうと著者は考えるが、その神話はどうしてできたのか。そもそものギリシアにおいて、そういう思想があったのであろうか。この没価値性の神話とは、別の言葉で言うと主観と客観の分離のことである。そもそも主観と客観の分離はどこで起ったのか。主観と客観の分離は必然であったのか。そういう事を解きほぐすことによって、現代の科学が持っている問題性を克服しようという考えがある。

そもそもギリシアの自然哲学者の考えには、主観と客観の分離ということは本来なかった、と考えられている。主観と客観という図式においては、客観に自然を対応させて、主観に人間を対応させるのだから、いわば人が自然に対するという発想だということになる。そういう発想は、あのギリシアの時代に於いてはなかった。デモクリトスから始まる自然哲学者たちの考えでは、自然の中に人間が入っているわけである。そして、ソフィストからソクラテスまでの時代になると、こんどは人間の中に自然が入ってくることになる。そう図式化し過ぎるとは思うが、そういう特長が見られる。そしてソクラテスからプラトンにおいてはその両者が総合されていると考えてよいであろう。ところが、そのプラトンに於ける総合をアリストテレスが切断してしまった。アリストテレスは自然学というものと倫理学とを区別して考える。そこから問題が生じたと考えられないか。

空間とか時間ということについてもギリシア人の考えと、近代物理学におけるものとは、大変に異っている。ギリシアにおいて、時間はホーラーと言う。ホーラーとは天地悠久の秩序としての季節であった。時、それは悠久なる天地の季節であるから、その時間は均質的でない（non-homogeneous）。物理学に於ける時間はhomogeneousである。そうでなければ、物理学は成立し得ない。あの不均一な悠久の時間が、均質化されることにおいて、現代の科学的な概念としての時間が登場してくる。科学における時間は均質化されることにおいて計量化可能となる。しかし、その時間は人間との関わりを失ってしまうことになる。物理学の講義における時間において、われわれは悠久を思うか。そういうことはありえない。宗教的時間は均質ではない。

空間概念についても同じような事情がある。ヘブライズムやヘレニズムにおいて、空間概念はホモジニアスなものであったかどうか。おそらくノンホモジニアスであった、と考える。ユークリッドの『原論』では、空間の均一性は公準の中に包みこまれている。公準という言葉は弁証法的用語で、要請されること、というような意味であるから、ことがらは大変に微妙だが、とにかく空間がホモジニアスであることは、仮定的なのである。したがって、本来ギリシア人においては、空間はノンホモジニアスであった。それゆえ、ホモジニアスであることは要請されなければならなかった、と考える。ノンホモジニアスではユークリッド幾何学は成立しないから、そのような要請が必要となるのである。そして、時間、空間がノンホモジニアスであるか、ホモジニアスであるかということが、主観的か客観的かということに対置されているように思える。そうすると、ホモジニアスであるということは、要請されていることで、極めて人工的である。そのことに客観が対置するとすれば、客観的であるということは極めて人工的なことになる。そして、そういう人工性こそが原論を成立させた、と言えることになるだろう。そうであれば、客観性ということは、虚構であり得る。けれども、通俗的な主観客観論にはそのような場面は表れてこない。

主観と客観の通俗的図式の始めはアリストテレスの論理学にある、と論説する学者がいる。アリストテレスの論理は述語論理で、述語論理というのは、主語と述語を内部構造とする文の論理のことである。そして、現代の科学における言葉の使い方を、「ものことば」と言うが、この「ものことば」においては、主語が実体に、述語が属性に対応する。そして、主語述語という言葉の構造に対応して実体と属性を分離する。実体と属性を分離するところから、実体（もの）が強調され、自我と区別される。そこで主観と客観の分離が起る。そして、主観の世界というのは客観に対していわばうつろいやすい世界として排除されてくる。そして客観こそが没価値性の世界として絶対化される。さらに、没価値性のエートスに於いて、科学というものが成立してきた。そういう主観と客観の分離に決定的影響を与えたのが、物心二元論で有名なデカルトだ、とされている。そして、デカルト的な二元論が諸悪の根源だ、ということを多くの人が言うが、デカルトは本当にそのような事を言っているのだろうか。デカルトにおける物心二元論というのは通俗的理解であって、本来はデカルトに於いては物心は緊張しているのだ、と著者は理解する。デカルト論はここでの主題ではないが、とにかくそういう言葉そのものにかかわる問題性が、現代の極端に発達した科学における歪みの本源である、と主張さるのである。主観と客観とを分離し、没価値性の神話によって立つことにより、確かに科学は飛躍的な発展をしたが、その急激な発展は、主観—客観図式のはらむ歪みを増幅したのである。だから、現在提起されている科学にかかわる諸問題を解くためには、アリストテレスを批判的に克服しなければならない。すなわち、アリストテレス的構図で言語を使用することを回避しなければならない。ある人は場の描写的記述方式を主張する。例えばここに茶色い机があるとする。この事態を記述するのに、「この机は茶色である」というのは主語述語形式であるから、そう言ってはいけない、という。どう言えばよいか。「この場に茶色の机という知覚像があらわれている」と言え、というのだ。これは大変にわずらわしいことだが、極力主語述語形式を排除することによって、われわれは、せめて、ものことばの支配の問題性に、気付く必要があるというのであろう。そう言わざるを得ないほど現代の科学というものは、われわれを強烈に支配しているということだ。まさにこの科学の呪縛からの解放の一つの手がかりとして、この「場の記述様式」は意味をもつのではないだろうか。

5　部分と全体

デカルト的な二元論、物と心を引き離すことによって物の世界が確立される。先ほど空間をホモジニアスなものと要請することによって、幾何学が成立する、と言ったが、そのアナロジーが物心二元論である。そして、物の世界の確立は、言語の世界をホモジニアスにすることと対応している訳である。そういう物の世界の確立において、言わば言葉の世界が、ホモジニアスになるのである。共通の言語基盤というものが確立され、そして、その共通の言葉の上に科学というものが成り立つことになる。この事態は科学そのものが持っている本質的事態で、科学そのものの側からは見えない事態である。それは科学を本質的に支える事態であるが、それ自体が一つの制約にほかならない。

科学が必然的に持っている特質、それは同時に科学の一つの限界、制約であるのだが、そのようなもう一つの場面を考えて見よう。それは科学の局所性ということである。ドイツの哲学者ワイゼッカーは、非常に巧みな比喩で事態を説明している。彼によると、科学の方法というのは局部照明である。局部照明というのはどういうことかと言うと、非常に強い光を、局所的に照射する、スポットライトを当てる。スポットライトを当てると、回りにいろいろなものがあっても、スポットライトが当てられたところだけが浮かび上がって、他のものは見えなくなってしまう。舞台には背景などいろいろなものがあるが、それらを消して、主役の人物だけにスポットを当てて、演劇的な効果を高めることがあるが、まさに科学というエフェクトは局部照射によって得られているのだ、と言うのである。局部照射によって局部的なものは非常にはっきりと見えるようになるけれども、その代償として、まわりにあるものは一切消えてしまう。おぼろげに見えていたものはすっかり闇の中に沈んでしまう。回りのものを闇の中に沈めることにおいて、一つの断定的な命題を科学は引き出し得る。断定ということは、別の言い方をすると、局部照射を当てることによって、われわれが見る対象を、本質的に変えてしまっている、ということになる。局部照射によって事態が変質している。しかしそうとは科学者は考えない。それが問題だ。私の言葉で言えば、結局、科学というものは、対象を科学が成立するように見るということになる。

いま取り上げた問題を別の立場で考えると、それは部分と全体の問題ということになる。部分と全体の問題がいま本質的に問われているのは生物学の領域ではないかと思う。このことは科学論としては非常に大きな問題である。科学論の視野の中に、現代生物学の領域がどこまで入ってくるか。生物学の問題が科学論の視野の中に十全に入ってこなければ、科学論はまだ一人前ではないというべきではないか。

部分と全体という視点から科学を見るとき、科学的方法の特質は分析加算主義という言葉で表せる。分析加算主義というのは、現象をより根源的なエレメントの現象に分解して、理解しようとすることで、還元主義と言ってもよい。物質をより基本的な粒子、エレメントに分解し、それらのエレメントを加算することによって、全体を認識するという考え方である。当り前だ、それ以外にやりようがないではないかと思うが、そういう考えは実は極めて特殊な考え方であることを、ここではむしろ注意しなければならない。

ホワイトヘッドが注意していることだが、部分を取り出すということ自体が実は問題なのである。取り出された部分とは、もはや全体の中でのその部分とは違うのである。取り出された部分は全体から切断されて、全体との関係を失っているのであるから、分析加算主義は本来的に一つの制約を負っていると言わなければならない。部分が全体に対して意味を持つのは、部分それ自体が全体を表出するものでなければならない。有効性を持つべき部分概念とは、分析加算主義における部分ではなくて、常に全体を表出するような部分そのものであるべきである。部分とはそういうように考えられ、認識されるものでなければならない。科学的認識は本質破壊であるとすら言えるのではないか。科学が成立し得るのは、ものの世界から人間を切り離すからであるが、そのことは世界の総体において極めて危険なことと言わねばならない。世界とは、極端なことを言うが、この私にとっての意味や価値のシステムと無関係である、というようなものではない。そういう全体性の中で、いま科学の方法が問われている、世界の総体の中でその位置づけが問われている。部分と全体の問題はそういう広がりをもつ問題である。

この問題について、最近はホーリズム（wholism）、「全体性の思想」とか「全包括論」というような言葉が用いられているが、その思潮は、科学自体の中でそれぞれの分野が悪しき部分となっていることへの批判でもある。ホーリズムにおいては、対象を部分に分析して見るのではなく、一つの全体として見る、そのための新しい論理を展開するのだが、全体性をあまり強調すると、それはそれで知の在りように行き詰りを感ずるという一面があり、それへの批判として中間的構造であるホロン（holon）という概念を提示する学者もいる。いずれにしろ、いま世界は、科学技術文明を根幹とする世界は行き詰っている、その行き詰りを克服するにはどうすればよいか、という問題を、部分と全体の問題性の視点において答えよう、という思想の流れが強く表れているのである。（F・カプラ、一九八四、『ターニング・ポイント』工作舎、参照）

6　神秘主義への傾斜

プラトンへの回帰ということも一つの考え方だが、最近になって著しいことは、東洋的神秘主義への傾斜であろうと思う。このことについては、まだよく学んでないので、確言する資格はないが、中沢新一の論説（中沢、一九八四）を自分なりに理解したことを通して、そのような考えの一端にふれてみたい。

さて、中沢新一は真言密教に深い関心を示す。九世紀の空海（弘法大師）を開祖とする真言宗の教えに注目する。真言（しんごん）というのは、仏の説く真の言（ことば）ということで、万有の普遍にかかわる真理を表すことのようである。真言とは、そもそもの教えでは、仏のはたらきの一つで、密言とも言われ、呪術的意味合いも含まれていたのだが、空海はそれを独自の思想にまで展開したとされている。特に注目したいのは、真言の思想が言語批判に深くかかわっている点である。中沢新一がそう言っているのではないが、これは言語批判である。もっとも、中沢新一は「言語の流体土木工事」だと言っているが、これについては後で考える。

真言宗では書を非常に重く考える。書によってその思想を表すのだが、それらは楷書ではない。流れるような草書体などで書かれている。「書の筆は、たえず微妙に速度と圧力と方向とベクトルを変化させながら、そこに文字どおり流れる水のほとばしる墨痕を残していく。」なぜ流れるように書くのか。書というのは、言葉と結びついているので、それを楷書で書くことを拒否している。いわばソリッドなものでは表現しきれない何かを表そうとしている。それは自然の身ぶりとでもいうようなことで、それを型にはまったようなものでは描ききれない、と言うのであろう。隠されている仏の教えという普遍を伝えるための言として書があるが、当然にもその書は自然の身ぶりのように流れそのものでなければならないのであろう。

真言密教においては、書に加えて重要なのは仏教画、マンダラ（曼荼羅）である。弘法大師は、図象を借りなければ仏法は伝えられないと言った。マンダラには各種あるが、ここでは両界マンダラについて少し説明しておく。それは金剛界マンダラと胎蔵界マンダラの二部作になっていて、前者は表現の世界、後者は内在の世界を表すものとされている。京都の教王護国寺の両界マンダラの金剛界を見ると、正方形の絹布が、各辺を三等分して九個の同一な（全体に対して相似な）小正方形に分けられ（方格を三三が九に画され）ていて、最上段中央に大日如来が描かれている。残りの小正方形には内接円があり、内部がさらに前と同じように九等分され、等分されたそれぞれの小正方形の中にさらに内接円があり、その中に十字に五個の仏像が描かれている。そして、それらの仏像はみな同じようでありながら微妙に異っている。というように、全体に対して部分が常に自己相似的で、内接円によって全体が渦流状の趣きを示している。胎蔵界の方は、正方形絹布の中心に大日如来像があり、それをとり巻く同心方形状に各種の仏像が描かれ、全体が方形の自己相似性と渦流状で統一されている。これを四重方格式といい、仏の内証を分析してそれを仏格に表現したものといわれる。両界マンダラは二部作だが、その意味するところは、世の中のすべてのものがこれらの両面性を持つことと、真理はそれらの両者が一つ（金胎不二）であることにある、と言うのである。

中沢新一はこのようなマンダラによって示されている構図をつぎのように述べている。すなわち、マンダラの基本構造は渦巻きである。渦巻きの特徴は、「どんな小さなものであっても、つねにそれよりも小さな渦巻きからかたちづくられている」と言うことで、「無限の自己相似的分割過程をくりかえす」ものである。最近研究が発展しているフラクタル幾何学がまさにそういうことを表現するとを中沢は述べている。「渦巻きは微少渦巻きをジェネレーターとするフラクタル物質である」と言う。

フラクタルの特徴を一口で言うと、「全体の縮少された形が全体の一部となっている」、いわゆる自己相似性（self similarity）をもつ図形である（「数学セミナー」、一九八四年十一月号）。したがって、「そのような図形はその一部が失われても完全に復元ができるし、また全体のいかなる小部分からも全体を再生させることができる、という著しい特徴を持っている」のである。実験的には、ある基本図形を部分部分に相似的にはめこむことを繰り返して、そのように図形を描くことが、コンピュータグラフィックの手法によって行われているが、それらを見ると、自然の姿に酷似したものができることに驚く。

それではこのような図象の思想は何か。中沢新一はこう言っている。真言密教にみられるような星雲状のモデルによって、世界そのものの生成を捉えようとしている。つまり世界にくっきりした構造をあたえる形式的言語をとおして現実をつかまえようとするのではなく、『ソリッド・システム』と『流体モデル』とを結合させながら、この世界という現実をつかまえようとしたのだ。したがって、マンダラの思想は、真言密教における書が流体状であることと重なっているのである。「書というのは、言語の流体土木工事である」

と言うわけである。

自然の身ぶりはソリッドなものではなく、流れと言えばよいのだろうか。その流れが型にはまってしまったら、それはもはや流動ではない。流れとは常なる流れであって、一瞬として同一でないが、そこには無限の自己相似を繰り返している普遍がある。マンダラはその自己相似の世界を図象化しているのである。すなわち、そこでは部分が常に全体を表出するという構図がきわだっているのである。

真言密教の思想の根底にあることは、言語形式によって現実を認識しようとすることは、必ずやパラドックスをはらんでしまう、という直観であろう。そのことを中沢新一は、「言語によって現実の世界を不断に組み立てつづけている意識の働きが、自由に流れようとする自然状態の意識の流れを阻み、歪めてしまっているという認識」だと言っている。それゆえ真言密教思想は言語批判なのである。「真言密教は意識をめぐる流体土木技術なのである。それはまず、意識の自然な流れをいたるところで阻んでいる言語構造の『ソリッド・システム』を解体する作業」であると言うわけだ。アリストテレス流の言語理解への批判が、科学批判に連接するように、真言密教の思想において、現代科学文明に対する批判的視点を設けることができるのではないか。それにしても、九世紀の日本にすでに言語批判があったことは注目すべきことである。

中沢新一はもう一人の人物の思想を取上げている。今度はギリシアである。紀元前一〇〇年頃に生れたルクレティウス（Lucretius）という人物で、「ものの本質」という著書を残している（岩波文庫）。彼は麻薬中毒で、最後は自殺した、と岩波文庫の解説に書いてあった。ルクレティウスもやはり自然哲学者たちと同じように、エレメンントである原子というものを考える。ところでその原子の身ぶりについての彼の考えは独特のものがある。自然の身ぶりを原子の身ぶりにおいて考え、彼はこう言う。「すべての原子が雨の水滴のように、一直線に深い空間の中を下方に落下して行くばかりならば、原子相互間に衝突は全然起ることなく、何らの打撃も生ずることがないであろう。かくては、自然は決して、何物をも生み出すことはなかったであろう。」しかし現実には変化があり現象があり、ものが生成されている。これらの変化や生成はいかにして原子の運動において説明できるか、ということが問題になる。そこでルクレティウスは「クリナメン」ということを想定する。クリナメンと言うのは「原子は自身の有する重量により、空間の下方に向って一直線に進むが、その進んでいる時に、全く不定な時に、また不定な位置で、進路を少しそれ、運動に変化を来らすといえる位なそれ方をする」ということである。すなわち、クリナメンとは、原子の微少な傾斜運動である、ということになる。クリナメンは全く不定なときに、まさに偶然と必然であるが、全く不定なときに、全く不定な位置で起こる。原子の全体は一様に運動しているようであって、そうではなく、あるかなしかに、あらゆるところであらゆるときに変る。これを中沢新一は「微分差異化の運動」と言う。いわば、原子は「微分差異化の運動を内実とする」ようなものである。マンダラの仏像がかすかに差異的であることと重なる事態である。

原子というものが根源的な単位であれば、それは変化できない。変化がなければ、現象と生成は説明できない。だからルクレティウスの考える原子は、いわゆる原子（アトム）ではなく、微分差異化の運動を内実とするものなのであろう。注意すべきことは、このクリナメンとは原子の内在性であって、われわれの物理学における外から働く力のようなものではないことである。したがって、クリナメンは「観察不可能で実体化することは決してできない」のである。これこそ「概念の神秘主義」である。真言密教もまた概念の神秘主義なのである。

それではなぜクリナメンという神秘的概念を用いなければならないのであろうか。それは、「なにもない空虚のなかに散らばったエレメントがたがいに結合しあって物の世界がつくられているという物質観は、ただちに宇宙についてのソリッドな思考を生みだしかねない」からにほかならない。やはりここでも真言密教が克服しようとしていたのと同じ問題性が直観されていたのに違いない。すなわち「流体モデルと微分差異化論的な思考とは、自然に対する同じ態度の異なる表現にほかならないのだ」と中沢新一は述べている。「パラドックスを肯定しうる怪物的度量をそなえた「内在性の思考」に向かわない限り、自然という怪物とは対話ができない、そのように自然というものを見ているのである。

このような視点から見ると、「ユークリッド幾何学は自然を模倣しているのではなく、むしろ自然という複雑性の怪物を隠蔽してしまった」と言うことになる。科学もまた然りである。

結局、科学というものは、概念の神秘主義を排除することによって、まさにシンプルローケーション、局部照射をしてしまったのではないか。世界の全体性は本質的に科学によっては読みとれない。科学者であろうとする者には世界の全体性は見えていない。既存の西洋的知のパラダイムにおいては、全く見えない内在的構造というのは、無限にある。それを見ていないというところにわれわれの知の貧困がある。科学は主観と客観を分裂させることにおいて、何をもたらしたか。超越を否定することにおいて、知の貧困をもたらした。真言密教の世界というのは、豊かなる世界である。それに比べて科学の世界は貧相ではないか。知の世界というのは、科学の世界だけではない。勿論、ヨーロッパ的な知の世界だけでもない。パラドキシカルな概念の神秘主義というようなものを一切排除してしまうような、そういう知のあり方、それは知の貧困以外の何ものでもない、と言えるのではないか。

ところで概念の神秘主義というのはルクレティウスの専売ではない。古典ギリシアの時代のいわゆる哲学者たちの思想の中には、多かれ少なかれ概念の神秘主義が含まれていると思われる。その概念の神秘主義が顕著に表われているのは、ピュタゴラスではないだろうか（I参照）。彼の思想の中心は、いわゆるモナド論である。モナド（単子）はラテン語で、ギリシア語ではモナスと言う。ピュタゴラスのモナス論が、プラトンにおいてはイデア論に継承されていく。さらにこのモナド論の思想を十全に継承するのがライプニッツで、彼はその思想を根拠として「微分」ということを発想し、微分積分学の創始者の一人となった。そのライプニッツのモナド論が提示する問題領域が、真言密教のそれと重なってくることを、中沢新一はさらに指摘している。モナドとは何か。それはエレメントである、根源的な一なのであるが、根源的な一は、内在的には多なのである。そのことを「モナドは多を表出する一である」と言っている。一にして多、多にして一というパラドキシカルな仕方でこそ全体が表出される。全体と部分との関係というのは、パラドキシカルなのである。ライプニッツは、そういう概念の神秘主義において、世界というものを見ていたのである。

ライプニッツの微分積分学の思想的根拠は、このモナド論であろうと言ったが、それを数学的に表すと無限小の理論となる（I参照）。それは今日では超準解析として現代化されている。その理論では、一つの実数とはモナドであって、そのモナドには無限小の差（微分差異性）をもつ超実数が内在的にはらまれている、というように述べられている。すなわち、モナドは一にして無限である。中沢新一はこう言う。「西欧哲学の伝統では、無限というパラドキシカルなものを超越化してしまうことによって、矛盾のない整合的な論理の体系をつくりあげようとしてきた。ライプニッツはその無限にモナドという名前をあたえることによって、それをこちらの世界にくり込み、無限を内包する新しい内在性の哲学をつくりあげようとしたのだ。モナド論とは、矛盾を含まない均質的な論理空間にいたるところに無限を撒布し、そこを微分差異化するディテールの怪物で覆いつくそうとした。」すなわち、「自然という怪物と数学的形式をとおして対話をおこなうためには、自らのうちに概念の神秘主義の生み出すパラドキシカルなものを内包しなければならない」と言うのである。

さて、中沢新一の問題提起に対して一つの問いを提示しておきたい。それは、真言の思想において、言語のソリッド・システムが克服されたのであるかという問いである。そこでは、あくまでも「言」を前提にしているのであって、それ故に、それがソリッドになることの克服が問題となるのである。同じようなことは、ルクレティウスのクリナメンの思想にもつきまとっている。その考えはあくまでも原子の存在の前提から自由ではない。原子を前提とするからこそ、それが「ソリッドな思考を生み出しかねない」のであって、それ故にルクレティウスは内在性としてのクリナメンを考えるのであろう。言語も、原子もトータルに否定しているのではなく、それを一つの必然として引き受けながら、それが含む矛盾を肯定している。そうすると、上の二つの考えから浮び上る科学批判は、科学そのものの全面否定とは言えないのではないか。科学を人間の知の一つの必然として、その矛盾を肯定する、ということが考えられる。

それはそれで科学批判であるが、その考えからどういう現実が生ずるかは、一つの問いではないだろうか。

7　エコシステム論へ

現代において、とりわけ科学がその存在を問われるようになったのは、科学技術との関連においてである。現代においては、もはや科学それ自体は善でも悪でもなく、善悪は科学を用いる技術である、というような議論は成立しなくなった。すなわち、科学と技術は一体なのである。そこで科学技術の悪しき実を排除するために、科学そのものを全面否定するラディカルな立場をとるか、あるいは科学技術の使用を制限する中間的立場などが主張されるようになってきた。いわゆる alternative science 、「等身大の科学」などと言われている動向は後者である。本論はどちらかと言うと、前者に傾いている。いずれの立場にしろ、それらの主張は、文化的変容、倫理的立場がかかわり、イデオロギーになりかねない。

さて、ロスキー(一九八四)『グローバル思考革命』は上の二つの立場とは多少趣きが異なる。原書の副題は「全体的視座を求めて」とある。その基底にある考えは、エコシステム(生態系)ではないか。すなわち、ロスキーは、現代の科学技術を否定するのではなく、むしろ科学技術の粋を結集して、科学技術文明の質を、自然の生態系に近いものに改変していくことを考えているようである。別の言い方をすると「技術思想のバイオ化」を考える。「生物学的な自己保存のメカニズム(バイオメカニズム)を解き明かして、ものをつくったり、生活を豊かにする技術に生かすやり方」を考えるのである。したがって、「全体的視座」とは生物学的な視座である。そこでは生物を物質の単なる総和として考えるのではなく、生物体全体の一つのシステムとして、捉えようとする。生命とは、そういう全体を表す性質なのである。そこで主役となるものは、システム論であり、サイバネティックスであり、コンピュータ・サイエンスである。それらの科学技術を用いて、自然のリサイクル・システムを模写し、それによっていま批判にさらされている科学技術文明に代る文明を築こうというのである。それによって、例えば、現代の科学技術の盲点となっているエネルギー問題や、産業廃棄物の問題にも解答を与えようとしている。さらに、エコシステム的科学文明においては、現代科学における時間概念の大巾な改革が要求される。いわば、直線的時間の牢獄からの解放が宣言されるのである。ここに至ると、科学技術を全面否定はしないで、むしろその上に立ってバイオ化することが、結局は科学技術をラディカルに問うことになる。ロスネーの立場は、一見すると楽観主義だが、つきつめるとパラドキシカルである。

おわりに

われわれは、すでに科学技術文明の恩恵を十分に享受している。現実は科学技術文明の圧倒的影響下にある。例えその歪みが拡大しつつあっても、その歪みは科学技術の未熟によることであって、科学技術の枠組の中で修復可能である、という楽観主義に身を任せざるを得ない。このような状況の下で科学批判とはどういう意味を持ち得るのだろうか。われわれは一切を捨てて、原始の世界に戻ることはできない。にもかかわらず、現代の科学技術を全面的に肯定することもできない、ジレンマの中にある。それ故にこそ科学批判は意味を持つと言えるのではないか。絶対的とも言える科学を相対化する視点、思想、エートスを与えるべき科学批判の在り方が求められなければならない。真にことがらを相対化できる視点は、私見だが、絶対にかかわらざるを得ない。いささか短絡的な印象を与えるが、著者にとってはそれは確信に近いことであり、直観でもある。相対化とは尋常のことではない、ということを言いたい。本章は科学のパトスとエートスを問うところから始められた。そして、おわりにおいては、科学批判のパトスとエートスを問いつつ、絶対に再び回帰するのである。「この日言葉をかの日に伝え、この夜知識をかの夜に告げる。」この古代人の思想の深みに立ち帰らざるを得ないのである。

(補注、科学批判に関する哲学的考察については中村雄二郎、一九九二、『臨床の知とは何か』岩波新書、参照)

参考引用文献
ケストラー、一九八四、『還元主義を超えて』工作社。
チャールマーズ、一九八三、『科学論の展開』恒星社厚生閣。
ブルンナー、一九八二、『キリスト教と文明の諸問題』新教出版社。
ロスネー、一九八三、『グローバル思考革命』共立出版。
栗本慎一郎、一九八五、『朝日ジャーナル』三月二二日号。
柴谷篤弘、一九七七、『あなたにとって科学とは何か』みすず書房。
『数学セミナー』1 一九八四年十一月号。
中沢新一、一九八四、『科学のタオイストは揚子江を泳ぎ切るか』中央公論
藤沢令夫、一九八〇、『ギリシャ哲学と現代』岩波新書。

付論1　時代の徴

(1)　工学的発想

「工学的発想」、すなわち、「目標は与えられたものとして受容し、その目標実現のための合理的手段は追求するが、目標自体の是非はもはや問わない」という態度の問題性が指摘されている。これは思想問題である。例えば地球環境汚染問題は、単なる社会問題ではなく、思想的問題である。このような問題について、以下緒論的考察を試みる。

(2)　科学技術は中立か

日本は西欧文明を受容して近代化の道を歩み始めてから、わずか一五〇年余りで工業国に急成長した。しかし、近代化がもたらしたものは豊かさのみではない。急速な近代化は、様々な歪みを日本の国土と社会に拡げつつある。自動車廃棄ガスなどによる大気汚染や、工場廃液による悲惨な公害病の発生は、いまでも現実の問題である。環境汚染の問題に加えて、見逃すことのできない問題は物質主義に侵された日本人の精神的状況である。感性豊かな日本の伝統的文化は、いまや観光化し、その形骸を残すのみになりつつあるかのようである。それと共に、日本人は人間性を喪失しつつあるのではないかと危惧する声を聞く。それらの現象は、西欧的近代化の勝利を意味するのであろうか。あるいは、日本人の西欧文明の受容の仕方に問題があったのであろうか。

このような事態に日本が落ち込んだ原因として、つぎのような論評がある。すなわち、日本の近代化政策が主として科学技術を基礎とする工業化政策に重点を置き、西欧の文化を支えてきた精神的基礎、それは端的に言ってキリスト教的思想であるが、それを無視したところに誤りがあった、と言うのである。科学は西欧の精神的風土の産物であって、それは西欧的精神と不可分の関係にある。したがって、西欧には科学技術と社会の相互作用について考える精神的基盤があるから、ある種の調和が可能である。しかるに、日本は、その西欧精神の基盤から切り離して、科学技術のみを輸入した。そこに問題の根源がある。思想を欠如した科学技術のみの移入が、現代の日本の精神的荒廃の原因になっている、というのである。このことは一面において正しい。しかし、現代における科学技術の問題は、日本の問題だけでなく、つとに西欧の問題である。これについては、次章で論ずる。

上に指摘した日本の近代化の問題性が、例えば、日本の大学の在り方にも反映していると言えよう。日本の大学では、研究の自由を至上善とする考えがあって、科学の推進は、それ自体が目的であるべきで、それこそが人類に貢献する道であると考えられている。現代の科学技術がもたらした諸問題は、科学それ自身に起因することではない。科学は本来中立であり、それに価値を与えるのは社会である。科学の手は汚れていない、として、大学教授は没社会的に研究に専念することが正しいとされている。したがって、概ね、日本の大学教授は社会的問題に主体的にかかわるのを嫌う傾向が見られる。はたして、科学技術は政治的に中立であり得るのか。科学は没価値的なものであるのか、再検討を迫る事態が、従来の日本人の科学観・学問観に本質的変更を迫っている。

現代の日本の社会構造は、科学技術と密接不可分の関係にあり、政治的決定も科学技術の影響を深く受けている。例えば、原子力発電所を建設する問題を考えれば、そのことは明瞭である。原子力発電の問題は、単純な政治的問題でもなく、また純粋に科学技術上の問題であるというわけでもない。しかも、その問題をめぐって、政治家、企業、利用者、科学技術者のそれぞれの利害が複雑にからみ、解決の極めて困難な社会問題を日本でも引き起こしている。このような例が端的に現象しているような状況の下にあって、科学の中立性の大義名分の下に、没社会的に科学者が科学を推進することは、それ自体が一つの政治的立場とならざるを得ない。ここでは科学技術が抽象的に考えられているのではなく、ある政治的社会的条件の下で、科学技術がどのように営まれているかが問われているのである。人間の営みから切り離して、科学技術を抽象的に考えるわけにはいかない。人間の営みとしての科学技術は、政治的に中立でもなく、価値から自由でもない。したがって、科学技術者の原子力発電問題に対する対応も決して一意的ではなく、極めて多様であり、政治的であり、イデオロギー的である。

原子力発電を肯定する立場の人々はよくつぎのよう言う。「エネルギー源の確保は人々の文化的生活を維持するための絶対的要件である。原子力発電に伴う危険性の判断は純粋に科学技術的になされるべきであり、それは科学技術によって克服されるはずのものである。そのような科学技術の進歩に貢献することこそは、科学技術者の使命である。」この考え方は、正統的で何の問題もないように思えるが、事実として、すでに一定の政治的立場を表明していることになる。すなわち、原子力発電推進という政治的立場に組み込まれているのである。そのことは、反対派の存在によって際立つのである。例えば、反対派のある人々は、原子力発電の科学技術を推進することは、日本が原子爆弾を製造する能力を持つことになるから、それを許すことはできない、と言う政治的立場をとる。原子力技術を純粋に科学技術的立場から研究してその技術を開発している科学技術者は、明らかに一つの政治的立場をとっているとしか考えられない。

以上の問題提起は、科学技術を人間の営みとして見る視点から考えられている。したがって、そのことだけからは、科学技術それ自体の中立性の主張を直接に否定することはできない。公害問題は科学技術それ自体の問題ではなく、人間の政治的選択に起因している、という主張は否定されていない。それでは科学技術それ自体は価値の問題に対して中立であって、公害問題に対して罪はないと言えるであろうか。この問いに答えるためには、科学の本性を考察してみる必要がある。

(3)　通俗的科学観について

われわれは、科学をつぎのように通俗的に理解している。

第一に、科学の本質の一つは、その客観性にあるとする。その対象は第一に自然そのものであって、人間の哲学や思想に関係がない。自然的、客観的対象を観測し、得られた直接のデータに基づいて、客観的対象についての科学の知識の体系が構築されるとする。このような考えは、さらに、自然的対象を超えて、人間にかかわる諸現象にまで拡張され、人間諸科学を生む。そこでも、一貫して、科学の客観性が保持され、普遍性が主張される。そして、それ故に、科学は中立的であり、没価値的である、とされる。

第二に、このような科学は、人間に合理的思考を可能にし、人間を抑圧する物質的、精神的諸条件からの解放を約束する。したがって、人類の進歩にとって、科学は善であり、不可欠である、とされる。

もちろん、科学はその発展途上においては誤謬を含むこともあるが、それらは、やがて科学的に補正し得るものである、と考えられてきた。真にそうであろうか。

「人間の営みとしての科学」という視点から、このような通俗的科学観は再吟味を必要とするであろう。

(4) 科学批判

以上に述べた通俗的科学観をそのまま支持することは、現実の諸状況から考えて、余りに楽観的過ぎるであろう。それほどに現実は危機的である。われわれは、通俗的科学観を離れて、科学そのものの内在的性質を再吟味する必要に迫られている。

科学の中立性、没価値性ということは、科学の客観性にその根拠を置くわけであるが、その客観性の内容は何か。それは、第一に、客観的対象の客観的認識の可能性である。いかにしてそのような可能性が保証されるのであろうか。

心理学者の研究によれば、認識ということは、経験に基づいて構成される感覚印象の枠組みを基準にして行われるという。したがって、自然的対象の観察についても、「あるがまま」の観察ということは字句通りには不可能である。結局は、科学者の観察と言えども、ある枠組、基準が予め与えられていて、それに対して意味のある比較が可能なものについてのみなされていると言わざるを得ない。認識という行為は、一般的に言って、文化的側面を多分に引きずっているのであって、科学的認識すらも、極言すれば、特定の文化領域においてのみ意味を持ち得るものであろう。

さらに、科学における認識は、以上の指摘からも類推されるように、本来的に部分的である。科学における客観的認識は、世界のある部分を限定することにおいてのみ成立するものである。

(5)　科学におけるパラダイム

前述の科学批判は、科学史家トーマス・クーン(Thomas Kuhn)の見解により、さらに補強される。すなわち、「通常科学」の成立の前提には、科学者の思考と行為の規範、理論的枠組とも言うべきパラダイムがある。科学者は実験によって、無から出発して、理論を構築するのではない。パラダイムが前提されて、はじめて実験が可能になり、認識的操作が可能となるのである。そして、パラダイムの選択は多分に相対的であって、必ずしも合理的ではない。科学の客観性とは、一つのパラダイムの範囲内で意味を持ち得る概念である、とクーンは述べている。

科学におけるパラダイム概念の承認は、さらに、一般の高次のパラダイムの導入をもたらす。すなわち、世界像についてのパラダイムを考えないわけにはいかない。われわれの認識も、あるパラダイムを基礎とするものであって、われわれの論理は、そのパラダイムの枠内で論理的であり得るに過ぎない。しかも、そのパラダイムの選択すらも、多分に非合理的要素を含んだものとなる。かくして、われわれは、自らの知の相対性を認識せざるを得ない。科学的知の本性としての部分性と相対性の認識が欠如しているところで、科学がいかなる否定的影響を社会にもたらすことになったかが考察されるべきである。

(6) 科学の部分性の歪み

科学的認識が本質的に部分的であることに起因する事態の一つは、科学技術が生態系の破壊をもたらしたことである。ひとたび崩された生態系の秩序を修復することはほとんど不可能である。科学は、それが未完成であるが故ではなく、本性的に、かかる危険性を事前に予知することは完全にはできない。知と不知との境界は明確ではなく、対象についての完全な認識が得られないままに、科学技術を用いるという一面を常に引きずっている。

科学的方法は、常に対象を分割して、より単純な系を取り出し、その部分に対する認識が先行する。このような分析的方法によって、全体の総合理解は後回しになる、と言うよりも、そもそも全体を認識する立場が科学には無いというべきであろう。科学の応用における危険は、その内在的性格からして、避けがたいものであることが、認識されるべきであろう。

(7) 科学と社会

科学万能の現代にあっては、科学者は政治的立場にかかわらざるを得ない。にもかかわらず、科学の中立性を盾にとって、政治的側面を無視すれば、そのこと自体が一つの政治的立場となり、科学は必然的にイデオロギーとなる。知的営為の純粋性を守るという科学者の主張は、科学者の利益擁護につながる。科学技術を用いない社会は不合理であるという主張は、一つの世界観的パラダイムであって、特定の文化を非合理的に擁護することにほかならない。

科学技術を基盤とする産業の形態は、必然的に伝統的人間関係を変化させる。個人は人格としての存在よりも、統計的対象として数量化され、管理の対象となる。科学の極端な専門化は、科学がかかわる政治的領域への市民の発言を封じ、管理社会の出現に手を貸すことになる。かくして、科学を支持するパラダイムの選択によって、人間疎外の現象が起こる。

このような事態を招く原因は、人間が科学的知識の用い方を誤ったからであると言うよりは、部分的知である科学がもたらす歪みを認識できなかったことにあろう。科学が政治を支配し、政治が科学を道具として用いれば用いるほど、事態は科学的補正の可能性を超えて、部分的知の歪みはますます拡大されるのである。

(8)　反科学的対応

科学万能の世界が直面している危機的事態を直観し、それに対応する人間存在の在り方を追求する動きが現れている。そのいくつかについて注目をしておこう。

そもそも科学的知識の有効性の一面は、設定された目標を達成するための手段としての有効性である。このような有効性を価値とする思想は、現世的目的成就の思想である。これは多分に西欧的思想の所産であろう。そこには、現世的達成を最大限に追及する直線的思考が見られる。科学がもたらした危機的事態に対応することは、まさにこの現世的目的成就思想への対決であらねばならない。そこで、ある人々は、右のような西欧的思想の代わりに、自然と共に生きる東洋的思想の受容を主張する。西欧的文化への逆説的対応として、現代の若者はヒッピーに共鳴する。彼らはこの世的栄達を放棄して、風のおもむくままに自足した生活をする。彼らは西欧的合理主義を否定し、非合理の世界を肯定し、感性的世界に共鳴する。このような彼らの主張に一面の真理性があることは否定できない。しかし、そこにはアナキーの思想がひそんでいることにも注意を向けなければならない。現世的目的成就思想に対決する前述の対応を、「無為の思想」として要約しておこう。つぎに、反科学的対応ではあるが、「無為の思想」とは対極をなす立場にも注目しておかなければならない。それは、かつて熾烈を極めた全共闘運動に根ざす社会運動を媒介とする主体変革の思想である。彼らは、例えば、原子力発電所設置反対運動、という反権力闘争に身を挺することによる自己変革を目指し、新しい階級意識を持つことを期待する。その新しい階級意識は、権力との衝突を通して実践的に自分の利害の関係を克服し、すべての抑圧と対立する文化革命を目指すものである。このような自己改革に基づく社会変革なくしては、科学の好ましからざる傾向を制御することは不可能である、と彼らは主張する。われわれは、ここにも一面の真理性を認めざるを得ない。しかし、そこに示されている人間観の甘さと、やはり、アナキーへの傾斜があることを批判せざるを得ない。

以上の二つの無為と有為の思想的立場に共通の一つの問題点は、すでに指摘したように、そこには秩序原理が欠落していることである。人類の連帯の絆が人間の感性的やさしさに基礎づけられるのであれば、それは人間の原罪的事態を余りに安易に見逃していると言わざるを得ない。

(9)　キリスト教と科学

日本が西欧の思想的基盤を欠落させて科学技術を輸入したことを、さきに問題とした。しかし、いまや、科学技術を生み出した西欧の思想そのものが実は問われている。科学は西欧的文化の所産であって、西欧的精神と不可分である。科学技術がもたらした問題は、本質的に西欧的知の在り方の問題である。しかも、西欧的思想はキリスト教を基盤としている。とすれば、現在のような科学を生み出した根源にある原罪的事態にキリスト教が深く関わっているという批判があるのも当然である。

学者の研究によれば、パラダイムの基本論理系型としては、唯一神信仰にかかわる論理型は、まさに科学の論理型と同一のものとして位置づけられるという。その論理型は、直線的で、一方向の因果性しか認めず、一様性を前提とし、唯一の真理しか存在しないとする。このような（好ましくない）論理型はキリスト教の決定的影響の下で発生した、と言われるのである。

さらに、科学は言（コトバ）によって成立するが、ここに言を重視する唯一神信仰の深い影響を見る。人間の知のあり方は、言による分析的知のみではないはずであるが、科学的知の拡大によって、諸々の知を認めることが、困難になっている。このように人間の知が科学的なものに限定される傾向こそ、キリスト教信仰によるものだと、主張されている。その立場から反科学的対応として、非キリスト教的非合理的世界の再発掘が主張されている。

確かに、キリスト教の思想が、西欧精神の基盤にあり、その合理的思想が科学の形成に影響を与えたであろう。しかし、あくまでも、科学は人間の営為であり、人間の自己実現であって、それは、本来キリスト教信仰と鋭く拮抗するものである。問題の本質は、科学が神を追放して、自らが神の座につくかのような拡大を求めたところにある。自然を操作し得るという思想は、本来はキリスト教思想には無いと思う。キリスト教信仰が直接的に科学を生み出したのではなく、そこに人間の営みがからまったのであることに注意したい。われわれは、むしろ、キリスト教信仰にこそ、科学批判の基盤を発見できることを主張したい。

(10) 結び

科学者の社会的責任とモラルについては、すべての科学者が合意できる原理的基盤はない。諸々の立場は相互に入り乱れて混乱を極めている。科学批判のエートス、倫理はいかにして生まれ得るのか。問題は人間の基本的ありようにかかわるのである。現実は批判のみによって収拾できるほど安易な事態ではない。一人一人の人間が主体的に現実を担いきる精神的基盤をいかに築くか、このことが最終的に問われているのである。

前述した無為の思想、現世的目的断念によって、現代の危機的状況に対応せよと主張するのであれば、そのような在り方の可能性の根拠が先ずもって問われなければならない。さらにまた、そのような思想のアナキズム的傾向の歯止めとしての統合原理が提示されなければならない。そうでなければ、そのような対応は、科学的世界を告発することはできても、人類の歴史に対して責任をとる態度とは言い得ない。あるいは、また、反公害運動に身を挺し、反権力闘争を経由して自己の利害状況を克服する人間性を目指すというが、果たして、そのような人間形成が可能であろうか。人間の原罪的事態を捨象した楽観主義としか思えない。さらにまた、市民のコントロール可能な科学――等身大の科学、を目指す運動もあるが、それらの運動が必然的に伴う文化的変容、それは直截に言って、禁欲、を受容する基盤を、現代人はどこに求め得るのであろうか。問題の根源は、結局、人間の在り方に還元されるのである。

参考引用文献
ケストラー、一九八四、『還元主義を超えて』工作社。

チャルマーズ、一九八三、『科学論の展開』恒星社厚生閣。

ブルンナー、一九八二、『キリスト教と文明の諸問題』新教出版社。

ロスネー、一九八四、『グローバル思考革命』共立出版。

絹川正吉、一九八四、「ロゴスの時代」『ペディラヴィウム』一九号。

柴谷篤弘、一九七七、『あなたにとって科学とは何か』みすず書房。

中沢新一、一九八四、「科学のタオイストは揚子江を泳ぎ切るか」『中央公論』六月号。

藤沢令夫、一九八〇、『ギリシャ哲学と現代』岩波新書。

付論2　超越へのまなざし

(1)　現代の黙示録

一九五四年から熊本県水俣に麻痺・言語障害・狂燥を主症状とする原因不明の疾患が発症した。患者の発見された地区の猫は、大多数が狂死した。海の中では、魚が海の底の砂や岩角に突き当たって、体をひっくり返し、おかしな泳ぎ方をしていた。やがて魚影を見なくなった。ようやく、主原因が工場排水による有機水銀中毒であることが分かったときには、人間の命への冒涜は取り返しようもなかった。

『苦海浄土』（石牟礼、二〇〇四）はつぎのように語っている。「手足を切り落とされ、眼球をくりぬかれ、人間豚として便壷に閉じ込められて息の根をとめられた古代中国の呂太后をも、一つの人格として人間の歴史が記録しているならば、水俣の風土や、そこに生きる命の根源に対して加えられた、そしてなお加えられつつある近代産業の所業はどのような人格として捉えられねばならないか。」これを現代の黙示録と言わずに、何と言おうか。科学文明の所業とは何か。その文明の中にどっぷりとつかっている私どもに、あの水俣の惨事はよそごとにしか思えない。しかし、昨今の教育の荒廃と水俣の出来事とは無縁のことであろうか。私どもは、何か重大なことを欠落させているのではないか。

(2)「超越の世界」の欠落

いわゆる西欧の学問の源流は何か。古代人は「その頭上にある天に驚く。彼は命に驚き、またそれにもまして死に驚異した。」知の営みの原点こそは、この命への驚きそのものであったのだ。それゆえに、そもそも学問とは、深く宗教的な営みと不可分なことであった。

古典期ギリシアにおける学の系譜を辿るとき、パルメニデス（紀元前五一五〜?）の存在は重い。彼は「有るものは有り、有らぬものは有らぬ。」と主張したことで有名であるが、彼の思想の根幹はむしろ、「思惟即存在」いう言葉にあろう。

思惟された限りのものは存在するという主張は、現代人にとっては何の意味も持ち得ない。しかしパルメニデスにおける事態から連想することは、「もし、からし種一粒ほどの信仰があるなら、この山に向かって〈ここからあすこに移れ〉と言えば、移るであろう」というイエスの言葉である。「思惟即存在」とは、まさしく宗教的・超越的事態であった。

このパルメニデスの思想が、西欧における学問に現代まで深い影響を残しているプラトンの思想を備えたのである。彼らは等しく論理の究極に超越を見据えていたのである。

現代日本の教育の状況を憂い、問題を超越とのかかわりで見定めている教育学者がいる。例えば、峰屋慶（一九八五）は、極めて貴重なことを述べている。彼は、現在の教育の荒廃の原因は、教育に対する捉え方の歪みにあるという。どこが間違っているか。それは「人間が超越の世界をもつことを忘れて、技術の世界にのみ住むものとして、教育していること」である。人間にとって技術を持つことは本質的である。「技術を持つもの、それが人間である」とすら言える。それ故、「教育の目的の第一は、技術を教え学びとらせることである。教育は、人間を技術的存在としてとらえている。」そして、人間は「技術を用いて、自然の支配から相対的に独立した人間の世界を持つようになった。」

しかし「技術の世界に住む人間は、どこまでもよりよく生きることを求めて、息の絶えるまで前進しつづけることを課せられている。」「この技術の世界の構造に気づくとき、光栄は一転して悲惨になる。」限りなく前進するということ自体が、人間存在の不完全さと相対的・有限的であることを示す。

それゆえ、「環境に働きかけるものを創り出す技術の世界は」、それ自体が環境の向こう側、超越の世界を指し示すのである。そして、「技術の世界に住むことが超越の世界を持つこと、それが人間である。したがって、超越の世界を見失うことによって、人間として生きる世界は混濁しはじめる」のである。

「人間を技術そのものの世界に生きる者とし、原因―結果の論理のみで教育の効果を上げようとする」ことに、現代の教育観の荒廃の原因があるのではないかと峰屋は論ずるのである。

(3)　「基本的人間観」の崩壊

技術の世界それ自体が超越を示す、ということは自明ではない。自明であるならば、そもそも教育の荒廃はあり得ないことになる。超越への視点を現代において探るとすれば、それは現代の科学技術の限りない発展の相のなかに求められよう。それはまさに黙示的である。

佐和隆光（一九八七）によれば、先端技術の登場によって、「技術パラダイム変換」の兆候が濃厚になったという。「第一に、人工物による環境の充填率が高まった結果、技術の対象が自然ではなく人工物に変わりつつある。すなわち、そもそもは技術とは自然への働きかけであったが、現代の技術の主たる役割は、人工物を管理し改造することに移行しつつある。そして「製造技術の〈複製可能性〉の高まりの結果、生産能力の抑制原因の大部分が取り除かれ、製品のシェアが無制限に拡大することが可能にもなった。その結果、経済学の大前提の一つ〈限界費用逓増の法則〉が崩壊するという、抜き差しならぬ大矛盾を引き起こしつつある。」

この視点より見れば、日米貿易摩擦の原因は、現代の先端技術の構造そのものが持つ問題と言えよう。経済学は、ある普遍的人間観を前提にしなくては、成立し得ないのではなかろうか。そういう経済学の大前提が崩れるということは、その根底にある人間観の変更が迫られていることを示しているのである。いかにも鬼気迫る現代的状況に対して、人間はいかなる対処の術を所有しているのであろうか。

昨今の中央教育審議会等の答申の根底にある一つの発想こそは、先端科学技術開発競争のための人材養成である。来るべき産業体質の一大転換に備えることが、その目的である、と論評されている。とすれば、日本人は国を挙げて、「DNA——遺伝子の本体——を焚いてコンピュータで走る」ことを加速しようとしているのではないか（綿貫、一九八六）。「しかもわが国は、より多く石油を焚き続け、ウランをも焚くことに熱中しているわけで、外部環境に吐き出される各種の汚染物質と相まって、命への人為的介入は、歯止めのない深まりに向かっていると言えよう。」それと共に、「基本的人間観」すらも崩れてきている。

(4)　超越へのまなざしの回復

現代の教育の歪みの根源が明らかになったとは言えないまでも、事柄は見え始めている。しかし、それではどうすればよいか。いかにして現代の教育に「超越へのまなざし」を回復するか、それが最も重要な課題である。

教養を積むことがその課題であろうか。教養は刺身のツマに過ぎないと人は言う。教養の不毛こそは現在の教育の問題点である。なぜ日本人にとって教養は不毛なのか。「西欧世界に自分の精神の鍵を預けっ放しにして、読書体験を経験と誤認してきた近代日本の教育の在り方が問われているのである(西尾、一九八七)。「物と物との関係には、いよいよ通暁するが、決して物の裡には這入らない」自らも込めて日本人の知の在り方を厳しく問わざるを得ない。

そのことは「概念的凝固を拒否して生きるきわどい生の形式」への参与である。世界は概念によってできているのではない。「言葉が形成される前にあって、言葉を背後から支えていた何か――もはやそれとは明示し難いが――を、表面の言葉を介して、どうやって再現し、経験することを可能にするか」を問い続けることである。

プラトンのイデア論は、ソクラテスの弁証法と不可分であることは、その消息に触れる事態であろう。弁証法とは、概念的凝固を拒否するエートスとして位置づけられるのである。それによって、知の究極に幻を見る。超越に触れるということは、直接的・無媒介的に神秘体験に与えるということではない。

超越へのまなざしの回復のための第二の課題は、未来からの視点、終末からの視座に立つことである。「基本的人間観」すらも崩している現代科学技術の真相は、その枠組みの中からは、全く明らかにされることはない。現代科学は、人間に科学信仰の全能感を与えるのみである。そして、その全能感は「遺伝的欠陥を持った〈個体〉は人類にとっては不要かつ危険な存在としてしまう（綿貫前出）。それは何と恐ろしい思想であろうか。六〇〇万人のユダヤ人を殺害したあのナチの所業にも通ずることではないか。

「このような狂気は、常にあらゆる手法でカムフラージュされ、正気に置き換えられて容認される。今日の文明の中にそれを正気に置き換えるようなシステムが包含されているからであろう。」科学・技術がトータルに支配する現代において、本来的に局所的であるはずの科学技術が狂気を生むのである。

この狂気を、人間は自ら処理できるのであろうか。「有害廃棄物問題に典型的に現れるのは、自然への強姦、将来世代へのレイプを仕掛ける断面図である。しかし生命への視座を欠く今日の社会では、そのことへの洞察に鈍感度しか持ち合わせない（綿貫前出）。」それ故に、終末からの視座こそは、現代人にとって最も重い課題であり、この課題に身をさらすことが、超越へのまなざしを持つ現実の一点なのである。

「悪霊につかれた者がイエスのもとにきて、〈かまわないでくれ。まだその時でない〉と叫び、〈追い出すなら、あの豚の群れの中にやってくれ〉と願った。イエスの命令で悪霊の入った豚は、湖になだれこんで死んだ。」

参考引用文献
石牟礼道子、二〇〇四、『苦海浄土』講談社文庫。
佐和隆光、一九八七、「論壇時評」『朝日新聞』十二月二三日夕刊。

西尾幹二、一九八七、「光と断崖」『新潮』一〇月号。
峰屋慶、一九八五、『教育と超越』玉川大学出版部。
綿貫礼子、一九八六、『胎児からの黙示』世界書院。

VI　21世紀の「一般教育」

はじめに

拙著『「大学の死」、そして復活』（以下、〈本書〉）（絹川、二〇一五、以下「著者」）についての書評（小笠原正明、二〇一七、以下「書評者」）への応答を通して、「一般教育再論」を試みる（絹川正吉、二〇一八）。「書評者」は、「〈本書〉が一貫して問題にしているのは、教育思想の源淵である〔パイデイア〕と〔テクネー〕のあいだの緊張関係ではないかと思う」と述べている。「書評者」の慧眼に敬意を表明したい。なお「書評者」は直接には引用していないが、〔パイデイア〕と〔テクネー〕に関する論題は、〈本書〉I―3に述べられていることに注目していただきたい。

1 「教養」という用語について

「書評者」は、「〈本書〉には教養教育をはじめとして一般教育、一般教養、リベラル教育など多くの紛らわしい用語がでてくる。」と述べている。さらに「書評者」は、教養教育をliberal educationの訳語とみなす。さらに、liberal educationを、「複雑かつ多様に変化する世界に対応するために個々人に力をつけるための大学における学習・教育の方法」であるというアメリカ大学協会の公式見解にしたがって定義する。

そもそも「著者」の意図は、「多くの紛らわしい用語」を排し、「一般教育」に徹底することを主張するものであった。その紛らわしさの象徴が「教養」という言葉であると主張したのである。しかし、「書評者」は、その紛らわしい「教養」という語を用いて、「教養教育」をliberal educationの訳語とするというのである。このことは、「著者」の意図が「書評者」に明確には伝わっていないことを示すものである。さらにいえば「アメリカ大学協会」のliberal educationの定義は、liberal educationの定義というよりは、単に大学教育一般の記述であって、liberal educationの特性を表現していない。「liberal educationは大学教育である」というのであるから、「書評者」が使う「教養教育」ということは、「大学教育」だということになる。とすれば、「教養教育」という用語を用いることこそ紛らわしい。

以下、「書評者」の問題提起に対応して「著者」の見解を述べる。

2 「一般教育」の実体は何か?

「書評者」は、〈本書〉が復活を強く主張している一般教育の中身について、不明瞭な言及しかしていない、と批判している。すなわち、一般教育はカリキュラムであるか、授業の方法であるか、あるいは教員の姿勢であるかさえはっきりしていない、というのである。その指摘は事実である。〈本書〉が意図していることは、一般教育の思想的必然性の主張なので、そこから展開されるべき一般教育の具体性にはあまり言及していない。「一般教育の具体性」は、われわれ大学人それぞれの課題なのである。一般教育の内容は、一律的に決定できるものではない。それぞれの大学の理念・思想にもとづいて発想されるべきことである。そこで問われることが、カリキュラムであり、授業の方法であり、そして教員の姿勢・思想なのである。（一般教育の具体的内容については、「著者」の私見を後述する。）

さらに、「〈一般教育の意味付けは、欠如態の認識から生ずる〉と言われれば、ますます分からなくなる」と「書評者」は述べている。この点は、「著者」の主張の最重要部分であるので、重ねて付言する。「欠如態の認識」ということの淵源は、一般教育学会初代会長扇谷尚が、「普遍的経験の枠組みに照らして考察するとき、専攻主軸のカリキュラムに欠落するものがある（絹川、一九九八、二〇〇四）」と提言したことにある。これを「著者」は「欠如態の思想」と称している。「欠如態」という認識を深めることが一般教育であると「著者」は主張する。

この認識は、ディシプリンそれ自体の中からは不可能である。パイデイア論からいえば、第二のテクネーそれ自体は自己相対化の契機を有しないから、欠如態の認識は生じない。第二のテクネーに相応して想定される第二のパイデイアが希求されるのである。　第一のパイデイアからディシプリンズ（専門）が生まれ、第二のテクネーとなった。第二のテクネーの特性は、「没価値性」である。そもそも第一のパイデイア（「一般教養」）は、「善のイデア」を頂点とする正義や節度といった人間の実践的な価値のイデアの認識であった（藤沢、一九九〇)。そういう価値の認識は、「没価値性」を特性とする第二のテクネーには不可能である。

「著者」が言う「一般教育」は第二のパイデイアの希求に即応するものである。第二のパイデイアである「一般教育」を発想する具体的契機は、現代の人間世界が直面している危機の実態にある。そういう意味で、「一般教育」は、大学の現代世界へのコミットメントの表現でもある。ハーバード大学のコナントが提起した「一般教育」は、まさにその時代の世界の危機に直応する、差し迫った課題の解決への模索であった。したがって「21世紀の一般教育」は、21世紀の差し迫った課題に即応するものとして意味・価値を持つものとならなければならない。ここで重要なことは、21世紀の差し迫った課題が第二のテクネーに起因しているという認識である。第二のテクネーに起因しているグローバルな危機的事態に対応する一般教育が構築されなければならない。この認識に基づいて、「21世紀の一般教育」の実体は提示されるであろう(後述参照)。

(注)欠如態の認識には二つの場面がある。第一は、ディシプリン主軸によっては、パイデイア(教養)は育めない。第二は、ディシプリン主軸によっては、現代世界のグローバルな危機に対応すべき(一般教育の希求する)思想を生み出すことはできない。

3 「理工のカリキュラムのリベラル・アーツ化」とは何か

本書II章で「理工カリキュラムのリベラル化」という項目があり、慶應義塾大学理工学部の例に触れているが、内容に踏み込んではいないので「著者」の意図がわからない、と「書評者」は述べている。そして、「理工系分野のリベラル化」は、日本の学士課程のために今もっとも力を入れて進めるべき課題の一つだと考える、と述べている。

「理工系分野のリベラル化」を探求する際に基本になることは、言うまでもなく「リベラル・アーツ」の理念の理解である。「リベラル・アーツ」ということをどのように理解するかによって、「理工系分野のリベラル化」の展開は様相を異にする。

リベラル・アーツの理念は、一意的でない。リベラル・アーツの理念は、古代ギリシャに始まる「アルテス・リベラーレス」の理念、および、それに拮抗して近世にはじまる「リベラル・フリー」の理念、および両理念の対立を折衷したものに大別される。「アルテス・リベラーレス」の基本軸はつぎのように要約されると言う（以下大口邦雄、二〇一四、一六九頁から引用）。

・社会を主導する良き市民となるよう訓練することを目標とする。
・この目的のために、徳目の規程ならびに人格と行為の基準がなければならない。
・この徳性と行動基準を、学ぶ者の側が自律的に励行することを意味する。
・古典的テキストの一群がその手段として認定されていて、かつ、同意されている。

この伝統の要請を称揚する教師らが、生活の規範である古典的テキストに依拠しつつ学習させる目的は、「エリート」とは、古典的テキストに表明されているような個人的、市民的徳性を体現することによって大きなメリットを獲得した人のことだ」ということを指し示すことにある。

「アルテス・リベラーレス」教育の目的は、徳を伝えることである。人は自分自身をパイデイアの基準に従って発展させるが、その自己発展は（何か他のもののためではなく）それ自体のためである。

一方、「リベラル・フリー」の理念の枠組みは、つぎのように要約されている（大口、二〇一四、一六一頁から引用。）

・自由を強調する。特に先験的な批評や規範からの自由である。
・知性と合理性を重視する。
・批判的懐疑主義を含んでいる。
・寛容の精神を特徴とする。
・平等性への傾向を特徴とする。
・市民としての義務以上に個人の意志を強調する。
・リベラル・フリーの理念を立てることは、何かのためではなく、それ自身のためである。

近代以降、アメリカのカレッジにおけるリベラル・アーツの理念は、上述の二つの理念が交錯していて、複雑に展開した。さらに、そこに「一般教育」が提起されて、その複雑さは一層増し加わった。「一般教育」についても、その理念を特定することは不可能である。言わば、リベラル・アーツの理念や一般教育の理念は、常に問いなのである。この問いに如何に応えるかは、それに関与する人々（教員、学生等）の思想にかかわるのである。したがって、以下に述べる「理工系分野のリベラル化」についての認識は、「著者」の主張であるに過ぎないが、少なくとも「理工学のリベラル化」とはリベラル・アーツ教育の特性を活かすように理工学教育のカリキュラムを編成することである、と言えよう。

現代のアメリカにおける多くのリベラル・アーツ・カレッジのカリキュラムにおいては、対象とする学問分野（学習領域）は、基本的な諸学問分野（人文学諸領域、社会科学諸領域、自然科学諸領域、数学、等）すべてであり、それらから、学生は主専攻を選択し、また、副専攻を選ぶこともある。さらに「一般教育」が課せ

られるのが一般的である。そこでは、学生は早期には専攻を特定しない。そのことをlate specializationという。理工学のリベラル化の第一の課題は、そのカリキュラム構造が、前記のリベラル・アーツ・カレッジのカリキュラムと類似な構造を持つことを要求する。すなわち、リベラル理工学は、対象学問領域を理工学全分野として、それらに対して主専攻・副専攻の構造を導入するものとして構築されよう。

ここで問題になる点は、理工学教育における「縦割りカリキュラム」である。カリキュラムは科目（ディシプリン）ごとに独立していて、評価も科目ごとに行われている。こういう思考は現実社会では通用しない。現実に有効な学識は、複数の基礎科目が複雑に絡まりあっている。医学を例にとれば、内科、外科、小児科、産婦人科等の臨床医学は、解剖、生理、病理、薬理等のすべての基礎医学のどれが欠けても成立しない。すべての基礎医学と臨床科目は複数の対角線で結ばれたカリキュラム（ディシプリン対角線型カリキュラム）でなければ意味がない。仮想空間における平行線型カリキュラムをディシプリン対角線型カリキュラムに転換することが、理工学のリベラル化の核心的課題である（絹川、二〇一〇）。

なお慶應義塾大学・理工学部のカリキュラムには、late specializationの要素が見られるという点において、それを「理工学のリベラル化」と見たのである。

「理工学のリベラル化」は、その学問の由縁から、当然にも「リベラル・フリー」の理念に傾斜するであろう。したがって、「アルテス・リベラーレス」の理念にかかわる要素をどの程度取り込めるかが、課題になる。この課題は、理工学のカリキュラムに一般教育の要素を組み込むことにおいて直面する。

歴史的にはアメリカにおける「一般教育」は、ドイツ科学主義大学に対する批判であると理解される。ドイツ科学主義大学の欠陥を補うことが、「理工学のリベラル化」における「一般教育」に要請される。ドイツ科学主義大学の欠陥をどのように埋めるかは、それぞれの教育観であり、世界観になる。具体的に問われているのは、専門の社会的意味である。「一般教育は大学の現代社会にたいするコミットメント」でなければならないからである。

「理工学のリベラル化」における「一般教育」には、つぎのような指針が考えられる（絹川、二〇〇六）。

(1) その専門分野で検討すべき歴史と伝統とは何か。

(2) 理解すべき社会的、経済的意味は何か。

(3) 当面する倫理的、道徳的論争問題は何か。

これらの問いは、「グローバル・クライシス（後述）」に対応する一般教育を要求する。

パイデイアを問うということは、人間のあるべき姿、人間の在り方・生き方を問うことである。二一世紀において人間の在り方を問うとき、「グローバル・クライシス」についての認識は必然である。そのことにおいて第二のパイデイアが問われる。グローバル・クライシスを問うことは、二一世紀におけるパイデイア探求の重要な契機である（後述参照）。

なお「書評者」は、「近代ドイツの大学が、工学と技術を大学から排除したのは間違いだった」と述べ、日本の帝国大学が工学を主流として発足したことを評価している。しかし、この問題は正誤の問題ではなく、思想の選択の問題ではなかろうか。また、日本の帝国大学の発祥が工学と法学にあったことは、ヨーロッパの大学の歴史における精神科学の伝統を顧みなかったわけで、「書評者」の見解は、評価が分かれるところである。

第一のパイデイアを基礎とする「アルテス・リベラーレス」の立場を強調することが、誤りだとは言えない。

むしろ「リベラル・フリー」の立場を過度に強調することの方が問題なのだ。「リベラル・フリー」の思想から、第二のパイデイアを発想することが可能なのか、そのことが問われているのである。日本帝国大学の発想から、第二のパイデイアを発想できるか。「理工系分野のリベラル化」の課題には、このような問いが本質的に包含されているのである。

4 「工学的方法」と「行動目標」に対する誤解

「書評」の第三節の表題が、「「工学的方法」と「行動目標」に対する誤解」となっているが、誤解しているのは「書評者」であるように思われる。本書が引用した論考では、「書評者」が言う意味で、「工学的方法」という用語を使っているわけではない。「書評者」は、〈本書〉において「書評者」が言う意味での「工学的方法」が全面否定されていると解釈したのであろうか。

「本書」で用いている「工学的方法」とは、以下の意味である。〈「工学的方法」では、まず一般目標が立てられ、それがより具体的な特殊目標に分節化される。そしてその特殊目標が、「行動目標」に定式化される。ここで重要なのは、この行動目標は測定可能な目標でなければならないことである。また「羅生門的方法」では、一般目標が立てられることは「工学的方法」と同じであるが、それを特殊目標に分節化しないで、専門家である教員が「創造的な教授活動」を試みる。そして、この教授活動によって学習者に何がひき起こされたかを記述する。この記述に基づいて、一般目標がどこまで実現されたかが判断される（文部科学省、一九七五参照）。〉

「羅生門的方法」のエクセレンスに関連する記事を最近目にした。それはトニー・ワグナー『未来の学校』

の書評である（諸富、二〇一七）。それによると、21世紀型の優れた授業では、達成度評価は、筆記試験ではなく、パフォーマンスで評価する、という。すなわち、ここでいう評価は、定められた測定可能な目標評価ではない。それが優れた授業の特性であるという。

「書評者」は、「著者」が数学に関するQAAのベンチマークを肯定的に引用しているが、これは行動目標であり、「著者」の主張は矛盾していると断定している。しかし、QAAのベンチマークは、一般目標であって、行動目標に分節化されたものではないから、「著者」の主張が矛盾しているとは言えない。

「書評者」は〈本書〉で用いる「工学的方法」を「工学の方法」と取り違え、本書における「工学的方法」に批判的な言辞を、「工学の方法」に対する全面否定と捉えているのではないか。「工学の方法」と考えるから、「工学的方法」批判に対する反論の一つの根拠として、「工学の方法」は「ホーリスティク」であると言うことを主張しているのであろう。

なお、「書評者」は、「工学の方法」は常に対象をシステムとして捉えるという意味で、包括的でホーリスティクである、と言う。しかし工学は、工学の限りにいて「ホーリスティク」と言っているに過ぎない。人間の営みの総体において、「工学の方法」が「ホーリスティク」であると主張できるのか。地球環境問題の根底には、「工学の方法」の欠如性が関わっていて、その意味において、「工学」が「ホーリスティク」であるかないかが問われているのである。

「書評者」は行動目標の質を問うことは重要だが、そのことと PDCA サイクルの機能とは別のことだ、と言う。しかし、PDCA サイクルを機能させるように措定され得る行動目標が問われているのだ。

「書評者」は言う。「「著者」はこの論争において中立的立場を取っているように見えるが、「分節化」や「工学的方法」という言葉をそのまま使いパラフレーズしている以上、私には「羅生門派」と同じ立場で議論しているとしか思えない」と。すなわち、このステートメントからは、「書評者」は「羅生門的方法」には否定的であると思える。「著者」は「羅生門的方法」が提示している事柄の本質の重要性を認識することを意図しているから、その意味ではまさしく「著者」は「羅生門派」であることは否定できない。しかし、「著者」は「工学的方法」を全面否定しているのではない。本書の意図は、「工学的方法」と「羅生門的方法」を弁証法的に止揚することにある。したがって、著者を「羅生門派」とすることは、誤解である。「書評者」からすれば、「羅生門派」の主張は誤謬であって、「工学的方法」が正当なのであろう。この対立の底流には、「リベラル・フリー」と「アルテス・リベラーレス」の相克の様相がかかわっているように思われる。

5　学術の「作品化」の展望

「書評者」は、大学のアウトカムの領域が、認知的領域から情意的領域に徐々に広がってきているという文脈で「学術の作品化」ということを「著者」は論じている、と言っている。しかし、この指摘は「学術の作品化」を語る「著者」の意図とは、ずれている。「学術の作品化」は認知的領域における課題である。「書評者」は「作品化」を学識の統合の可能性と捉え、その可能性について著者の見識を求めている。すなわち、「文系分野における教養教育のための「作品化」は難しい作業であり、現代日本における文系分野の危機とも関係していて、容易に見通しがつきそうにもない。この点に関する著者の見解を聞きたい」と書評者が要求している。

「あらゆる神話を実証的に破壊することが主要な課題になっているときに「作品化」を主張することは、「神話の再構築」を主張しているととらえかねない。」と「書評者」は言う。この言説から推測すれば、「書評者」は「作品化」の可能性に疑義を呈しているように思われる。

「書評者」は、「ストーリーづくり」という意味で、作品化を捉え、神話の崩壊した現代（「ストーリーづくり」が破綻した現代）において、「作品化」を語ることは、「神話の再構築」を主張することになるのではないか、という。「書評者」はその一方で「インテグレート科学」を標榜する著書の執筆にも関わっている。「書評者」の立ち位置が理解できない。「著者」は、「一般教育」の可能性の方策として、「作品化」を位置づけたのだが、「書評者」の問題提示は、その次元を超えている。

「学識の協働」を可能にする第一歩は、専門外の人々に理解可能になるような専門の語りである。そのような語りが「作品化」ということである。「作品化」は「神話の再構築」とは関係がない。作品化は各々の専門家に課せられた課題である。「作品化」は、人文学者にも課せられた義務ではないか。答えを他者に求めるのでなく、自らの課題として格闘することが要請されているのである。学識の協働のためには、双方向的意志疎通が可能でなければならない。作品化は、そのような意志疎通への可能性の手がかりになる。

第二のパイデイアが統合の学識の究極であるべきだというのであれば、「著者」は、学識の統合よりは「学識の協働」によって、第二のパイデイアを希求したい（後述）。

6　「21世紀における一般教育」の提言

「書評者」への総括的応答として、「21世紀における一般教育」について私見を述べてみたい。

日本学術会議は、「21世紀の教養教育」についての提言において、つぎの点に注目している（日本学術会議、二〇一〇「提言・21世紀の教養と教養教育」）。

「グローバル化の進む21世紀初頭の現在、地球環境・生態系破壊の危険性や、地域紛争・テロ、新型感染症、金融危機といった問題など、予測のつかない困難が人間・国家・人類社会を襲っている。

このような種々の重大な変化と問題が重なり合うなかでは、「市民的公共性（意思決定過程への市民参加）」、「社会的公共性（社会レベルにおけるさまざまな問題や課題を協力・協働して解決・達成すべき責任）」、そして、「本源的公共性（社会的存在としての人間の生存権にかかわる公共性）」の三つの公共性を活性化することが求められる。大学教育・教養教育では、これら三つの公共性に開かれた「市民的教養」を育んでいくことが重要である。」

従来の一般教育は、「市民的公共性」と「本源的公共性」に焦点を置いた。ここで「著者」が特に注目するのは、「社会的公共性」である。日本学術会議・提言で、「社会的公共性」について、「グローバルな工業化の進展と経済の発展は、地球環境・生態系の不健全化や生物多様性の危機といった問題を引き起こすことにもなった。（注：地球温暖化・気候変動対策は、生物の多様性を保持し、持続可能な社会を維持するために不可欠である〈河内信之、二〇一一〉）。これらの地球環境問題を自分たちの問題として捉え引き受け、その解決・改善の活動やプロジェクトに参加し協働していくこと〉が「社会的公共性」であるとして、社会的公共性は緊急かつ最重要の課題であると述べている。

この日本学術会議の提言の表題は「21世紀における一般教育」としているが、結論は「市民的教養」の形成であるという。「一般教育」と「教養」の区別がされていない。「著者」の論旨から言えば、ここで提言されている「教養」は、「著者」が言う「一般教育」であることを指摘しておきたい。

ここで提示されている問題は、今日、人類が直面している緊急課題の部分である。「著者」はそれらの緊急課題を総括して、「グローバル・クライシス」という。(「グローバル・クライシス」という用語は、政治・経済問題に限定して表示されている場合があるが、ここでは広く「地球圏的」な危機を総括する用語とする。)われわれ人類は「グローバル・クライシス」に直面している。「グローバル・クライシス」を自分たちの問題として捉え引き受けなければならない「社会的公共性」が、喫緊の課題なのである。

7 「社会的公共性」を問う

「社会的公共性」が厳しく問われている具体的事例をアル・ゴア(一九九二)が指摘している。その重要な事例の一つは、廃棄物(ゴミ処理)の問題である。その最大なものは核のゴミであるが、身近な問題は人間の生活が生み出す大量のゴミ処理の問題である。

「都市や工場から大量のゴミが洪水のようにあふれだしている。いわゆる「使い捨て社会」は、無限の資源が無限の商品を生み出し、ゴミ処理場や埋め立て地は底のないゴミ容器であり、ゴミは無限に処理できるという想定に基づいていた。しかし、この認識は完全に崩れ、我々はゴミの中で溺れ死にしかけている」とゴアは言う。現在のゴミ処理の本質は、ゴミをただ単に隠すようなやり方である。その重大な事例が、核のゴミの処理である。現実に行われている核のゴミの処理は、核のゴミを地中深くに隠すことでしかない。

ゴミ問題は文明の問題である。われわれの生活を豊かにする化学工業は、一方で大量の有害な産業廃棄物をたれながしている。ゴミ問題はわれわれの文明に密着しているのである。現代の文明が、ゴミ問題を発生させているのである。

8 グローバル・クライシスの認識

グローバル・クライシスについては、様々な認識が示されている。その端緒の一つは、ローマ・クラブにより一九七二年に刊行された『成長の限界』であろう。同書では加速的に進みつつある工業化、急速な人口増加、広範に広がっている食料不足、天然資源の枯渇、環境の悪化の五つの問題を成長の限界（人類の危機）の根拠として捉えている。（一九九二年にその改訂版が刊行されている：ドネラ・H・メドウズ、一九九二）

一九七二年には、スウェーデンのストックホルムで国際連合人間環境会議（United Nations Conference on the Human Environment）が開催された。これは環境問題についての世界で初めての大規模な政府間会合である。通称として、「ストックホルム会議」とも呼ばれる。その際に掲げられたキャッチフレーズは、「かけがえのない地球（Only One Earth）」であった。

さらに一九八七年に国連の「環境と開発に関する世界委員会（ブルントラント委員会）」が公表した報告書「我ら共有の未来（Our Common Future、ブルントラント報告書）」がある。この中で、今日の環境問題のキーワードとなる「持続可能な開発（Sustainable Development）」という考え方を提唱し、それを「将来のニーズを満たす能力を損なうことがないような形で、現在の世界のニーズも満足させること」と定義した（メドウズ、一九九二、二六七頁参照）。

一九八九年国連は、地球温暖化に関する世界の指導者のコンセンサスを得るため「気候変動に関する政府間パネル（IPCC, Intergovernmental Panel on Climate Change）を創設し、著名な科学者たちが国際的な検討を行った。そして科学者たちはほとんど全会一致で地球温暖化が実際に起こっており、今すぐ行動すべきであると結論した。

かくして、環境と開発に関する世界各国間での合意が必要であるとの認識が共有されるようになり、後の環境と開発に関する国連会議（地球サミット、UNCED）の開催へとつながっていった。二〇一五年一二月一二日には、第二一回気候変動枠組条約締約国会議（COP21）において、気候変動抑制に関する多国間の国際的な協定（パリ協定）が採択され、産業革命前からの気温上昇2℃未満目標と共に、1.5℃未満に抑えることを明記した。

しかし、それらの活動は、地球環境問題の政治的解決を模索するもので、事態の本質的解決ではない。その象徴的事柄が、一九九七年の「京都議定書」（「気候変動に関する国際連合枠組条約」）に定められた「排出取引制」であろう。すなわち、国ごとに温室効果ガスの排出枠を国際的に定め、排出枠が余った国や企業と、排出枠を超えて排出してしまった国や企業との間で取引（トレード）する制度である（ウィキペディア引用）。これは政治的妥協の産物で、問題の本質的解決にはなっていない。問題の本質は、「近代（モダン）のプロジェクト」への信頼が揺らぎ、そのプロジェクトを支え先導してきた科学技術や「知」の在り方が問い直されるようになってきたことである（カプラ、一九八四）。

9　科学技術の本質

今日、われわれが直面している世界規模の深刻な危機をもたらした根底には、人間の知の営みに潜む本質的な思想問題がある。このことについて、フリッチョフ・カプラ（一九八四）『ターニング・ポイント』（吉福伸逸他訳　工作者）は、重要な認識を示している。その主張の一部を以下に要約してみる。

今、地球全体のエコシステム（生態系）は、重大な危機にさらされている。人口過剰と産業テクノロジーは、さまざまな形で、われわれが生命を託している自然環境の悪化の一因になっている。遺伝子工学・バイオテクノロジーによる食物生産は、植物種の多様性を著しく破壊している（ゴア、一九九二参照）。地球の食糧供給は、生態系への地球規模の脅威によってダメージを受けている。テクノロジーがわれわれの依存しているエコシステムを著しく乱し、破壊しかねないことは、いまや明らかである。このような危機をもたらした要因に、科学的方法がある。今日の文化は科学的であることを誇り、現代は「科学の時代」などと言われている。

科学的方法は、宇宙を基本的な物質構成要素からなる機械的システムと見る。この科学主義の根源的思想は、デカルト・ニュートン主義とでも言われる機械論的世界観である。

デカルトの方法は分析的である。それは思考の対象を細かく分割し、それを論理的な順序に並べるという方法をとっている。この分析的な論証方法こそ、科学へのデカルトの最大の貢献であると言われる。反面デカルト的方法が過度に強調されたために、われわれの一般的な思考に細分化の習慣がもたらされ、科学における還元主義的態度（どんな複雑な現象でも、それを構成要素に還元すればすべての側面が理解できるという信念）が生まれた。

自然は機械的な法則に則って動き、物質界のあらゆるものは、それを構成する部分の配列具合と動き具合によって説明することが可能であるとされた。この機械的自然像が、デカルト以降の時代の支配的な科学のパラダイムになった。そして科学的知識は「われわれ自身を自然の支配者にする」ために使えると断じた。

科学的手法と合理的、分析的な思考の過度の強調が、今日のきわだって反エコロジー的態度をもたらしてきた。エコシステムの理解は、まさに合理的精神の性質によって妨げられている。なぜならエコロジカルな意識は非線形的な直観から生まれるが、合理的思考は線形的である。したがって、経済や技術の限りなき成長といった線形的なもくろみは、必然的に自然の調和を乱し、とりかえしのつかない事態をもたらす。

このような事態を生み出した機械論的世界観を覆し、新しい思想を生み出す契機を、現代物理学の発展に見ることができる。それは機械論的な世界観の限界をあばき、有機体的でエコロジカルな世界観をもたらすものである。

一九世紀から二〇世紀にかけて、物理学者は原子や素粒子の世界を探求するうちに、予想もしなかった不可思議なリアリティとあい対するようになった。それは彼らの世界観を根底から揺るがし、彼らに全く新しい考え方を強いるものであった。

素粒子は孤立した実在としては何の意味ももたず、さまざまな観測・測定過程との相互連結あるいは相互関係としてのみ理解できる。粒子のすべての性質が、観測手法と密接に関係した原理によって決定されるという事実は、物質界の基本的構造が、究極的に、われわれがこの世界をどう見るかによって決定される、ということを意味する。このことは、電子も他の原子レベルの「物体」も、環境から切り離された独自の性質を有していないことを意味する。

新しい物理学は空間、時間、物質、因果という概念の根本的変革を必要とした。現代物理学から生まれつつある世界観は、機械論的なデカルトの世界とは対照的に、有機的な、ホーリスティクな、そしてまたエコロジカルな世界を特徴としている。世界は不可分でダイナミックな全体であり、その部分は本質的な相互関係をもち、宇宙的過程のパターンとしてのみ理解することができる、とする。それはシステム的世界観と呼ぶこともできる。

10　エコノミックス（生態経済学）の提唱

ゴア（一九九二）は、現代の経済制度が、地球の環境破壊の主要要因の一つであることを主張している。（以下、ゴア、一九九二による。）

自由市場、資本主義経済体制に弱点があることは厳然たる事実だ。売り買いのできないもの、すなわち新鮮な水、きれいな空気、山の美しさ、森の中の生命の豊かな多様性といった売り買いのできないものの価値が無視されている。この経済体制の見落としが、地球環境を結果的に破壊することにつながるもっとも強力な力になっている。これまでの経済学は、この世界の主要部分の全体的な価値を見ていない。われわれの経済学で見ることのできないものの多くは、進行中の環境に関連している。現在の経済学と環境問題との間には何の接点もない。

国の経済的行為の最も基本的な測定値であるGNP（国民総生産）を計算する際に自然資源がどれだけ使われても減価償却されない仕組みになっている。われわれの日々の経済的選択の積み重ねが、着実にわれわれを生態学的破滅へと導いていることに議論の余地はない。

われわれの経済制度は、製品を生産の効率のよさだけで評価し、公害の発生のような副産物を低く見積もってしまう。すべての生産過程は必ず廃棄物を作り出すのに、なぜそれは計算に入れられないのだろうか。「我々が経済成長だと思い込んでいるものの多くは、実際には自然資本の減少を計算に入れなかったことによる幻想なのかもしれない。（コリン・クラーク）」

環境的な外的要因を考慮に入れるための第一歩として、生産性の計算式を慎重に変更することを提案する。利益を上げるものと害を与えるものの両方を測定し、生産性を評価する際に、その両方のもたらす影響を計算に入れる「生態経済学」を研究すべきである。

11　現代経済学批判

カプラ（一九八四）も現代経済学の限界に言及している。（以下、その要約）

多くの経済モデルおよび理論（マルクス主義も非マルクス主義も）は、いまもってデカルト的パラダイムに深く根ざしているので、今日のような変化して止まない世界規模の経済システムを示すには無理がある。

今日の経済学における顕著な特色は、成長という強迫観念にとりつかれているということである。有限な環境での無限の成長が必ず破滅を招くことは、明らかになったはずであるにもかかわらず、事実上すべての経済学者と政治家は経済とテクノロジーの成長は不可欠と考えている。あくことなき成長が必要とする信念は、陽の価値（拡張、自己主張、競争）を強調しすぎた結果であり、絶対的かつ無限の空間と時間というニュートン的思考に結び付けられるものである。それは線形的思考、すなわち、個人や集団にとって良いものなら、同じものが増えるのは当然、良いことだとする、誤った信念の反映なのだ。

経済的、テクノロジー的な成長という現代的考え方の誤りは、いかなる制限もないというところに存在する。有限の環境の中では、成長と衰退の間にはおのずからダイナミックなバランスが存在するということに気づかず、成長はすべて善であると広く信じられているのである。

われわれの文化を支配しているテクノロジーはホーリスティク（全包括的）であるよりむしろ断片的であり、協働より操作や制御を好み、統合的であるより自己主張的であり、個人や小集団による地域的な応用にではなく、中央集権的な管理にこそふさわしいものだ。

その結果、このテクノロジーは徹底した反生態学的、反社会的、非人間的なものになってしまったのである。成長の制限、規模の概念の経済思想への導入は、経済学の基本概念の枠組みに根本的な修正をもたらす。あらゆる経済活動は地球的エコシステムの文脈の中で検討される必要があり、現代の経済理論に用いられているほとんどの概念は、その枠をひろげるか、修正されるか、さもなければ廃棄される必要がある。求められるべき新しい理論もしくはモデルの組合せは、経済学と共に生物学、心理学、政治哲学をはじめとする人間の知識のいくつかの分野を、広大な生態学の枠組みに統合するような、システム論的アプローチを伴うものになるだろう。

経済学におけるシステム・アプローチは、いまもっとも求められている生態学的視点を経済学者たちに提供することで、現在の混乱した思想状況にある程度の秩序をもたらすことを、可能にする。これらの生態系では線形的な因果関係はめったに見られない。したがって、そこに包摂される社会システムや経済システム、およびテクノロジーの機能的な相互依存性を説明するのに、線形的モデルを使ってもほとんど役に立たない。あらゆるシステム・ダイナミックスの非線形的な性質を認識することが生態学的自覚の本質であり、「全体系的な知恵」の核心なのである。

経済の再編成は、単に知識による作業ではなく、われわれの価値体系の抜本的な変革を伴うものになるだろう。来るべき経済思想にみられる人間の心の在り方、価値観、ライフスタイルに対する画然とした論究が、この新しい学問を限りなくヒューマニスティックなものにするだろう。多面的な危機の克服に必要なのは、より多くのエネルギーではなく、価値基準、心の持ち方、生活様式における、深部からの変革なのである。以上に述べたリアリティの新しい見方は、物理的、生物学的、心理学的、社会的、そして文化的なあらゆる現象の本質に潜む相互関連性と相互依存性に対する自覚に基礎を置いている。（以上、カプラ）

さらに、ヘイゼル・ヘンダーソン（一九九九）の見解も引用しておく。すなわち、外部的悪影響や社会コストに関するデータは、経済学以外のもっと現実に対応した学問によって開発される。つまり、熱力学や生物学、システム・モデル、カオス・モデル、生態学である。カオスの定義あるいはカオスと呼ばれるものの特性とは、「非線形な決定論的力学系から発生する、初期値鋭敏性を持つ有界な非周期軌道」といえる。産業化社会に生じている変換は、国内的にも国際的にもリンクしている。それは、多次元的で非線形的である。それゆえ経済学の単純な概念では描写できず、学際的な新しいモデルが必要となる。これらの変化は機械論的なモデルでなく、生物学とカオス理論のモデルによってのみ捉えることができる。（以上、ヘンダーソン）

12　価値・規範・文化と倫理の再編・再構築

グローバル・クライシスを回避するために避けて通ることのできない問題は、倫理的基盤の承認である。「日本学術会議提言」はつぎのように言及している。

「これまでの、豊かさ・便利さや自由の拡大を追求してきた生活の仕方と生き方や西欧中心・国民国家中心の政治・経済の在り方の問い直しを迫っている。そして、その問い直しは、その根底において、価値・規範・文化と倫理の再編・再構築を迫っている。自己中心・自国中心・強者中心の生き方・考え方や社会の在り方ではなく、多様性と自他の違いを認め尊重しつつ、相互信頼と連帯・協働の輪を拡げていくことのできる生き方・考え方や社会の再構築が求められている。」

林哲介（二〇一七、八六、九七頁）はつぎのことに注目している。「日本学術会議の「回答」のなかで、民主社会における市民性の条件としてあげられている「動機における個人的な利害からの自由」とは、「個人的利害」とは異なる次元・レベルでの市民としての活動が民主社会に不可欠であり、この構えが失われることが民主主義の形骸化を招くことになる。私的利益を超えて人々が協働して求めるもの、目指すもの、よりよい社会をつくるという課題について議論していくという立場を欠いた民主主義の社会はありえず、たんなる利害調整システムだけでない本質的な機能をもたなければならない。」

サミュエル・ボウルズ（二〇一七）の書評（諸富徹・書評「朝日新聞、二〇一七、五月二一日、朝刊」）でも同質の問題提起を見る。「経済学はスミス以来、人間の行動動機の中核に、利己心を据えてきた。利己心をうまく活用するインセンティブ（罰金、報酬など）を組み込むことで、人間や企業を最適状態に導けると考えてきた。しかし、インセンティブ体系だけで社会的最適を達成しようとしても、失敗する。互恵的で他者考慮的な価値を育み、人びとが協力に向かうようルール形成をする必要がある。」

現代思想によって、「動機における個人的な利害からの自由」は実現できるのか。現代思想は危機を鼓吹するだけで、解決を示さない。「市民的な徳」は生来的に与えられているものではない。それは育まれるものである。それを育む教育こそが「21世紀の一般教育」である。「21世紀の一般教育」の基底は、価値・規範・文化と倫理の再編・再構築でなければならない。

13「21世紀の一般教育」の発想

われわれが直面している「グローバル・クライシス」は、人類にとってのっぴきならない差し迫った課題である。「地球環境の悪化によって文明社会が内部崩壊するカタストロフィー（破滅）」も絵空事ではない。加えて、地球環境問題に陰に陽に関係し、偏狭なナショナリズムに起因する民族的対立、宗教的対立や地域紛争によるカタストロフィーも、現実になっている。また核廃絶への道筋に明るい展望が開けているとはいえない（河内、二〇一一）。国際政治・世界経済も不安な要素を抱えたままである。これら一連の問題は相互に関連し、複雑な様相を呈している。問題の解決には、哲学的、歴史的、倫理的、社会的、経済的な知識と科学・技術に関する総合的知見が不可欠である（川村、二〇〇三）。

「著者」は、人類にとってのっぴきならない差し迫った課題に応えるのが「一般教育」でなければならないことを〈本書〉において主張した。「21世紀の一般教育」は「グローバル・クライシス」に応えるものでなければならない。

14 「第二のパイデイア」を目指して

21世紀における一般教育は、グローバル・クライシス（地球圏的危機）にその焦点を置くべきであり、その可能性は学識の協働によって見出すことができるのではないか。グローバル・クライシスに対応する一般教育においては、学識の統合ではなく、学識の協働が必須である。知識の生産モード（様式）が、ディシプリンの生産様式（ニュートン・モデル）の限界を越えて、トランスディシプリナリーなモードが必然となる。（前者を「モード1」、後者を「モード2」と呼ぶ、マイケル・ギボンズ、一九九七）。そして学識の協働にはディシプリンの作品化が不可欠である。すなわち、学識の作品化は、21世紀における一般教育を可能にする。それでは、そのような一般教育の構成はいかなるものであろうか。それに応えるためには、グローバル・クライシスについての認識が不可欠である。

「第一のパイデイアは善のイデア」と等値である。「第二のパイデイア」を問うことは、現代における「善のイデア」とは何かを問うことである。

プラトンは、パイデイア探求の「次善の策」として数学を位置づけている。グローバル・クライシスは人類の生存を脅かす深刻な問いである。これに応える一般教育は、第二のパイデイア探求の次善の策であろう。それは思想的格闘である。

15 「21世紀の一般教育」のカリキュラム

「21世紀の一般教育」のカリキュラム私案を示して結びとする。「21世紀の一般教育」のカリキュラムの編成には、諸々のディシプリンの協働が不可欠であり、「著者」の限られた知見でそれを完全に提示することは不可能である。以下に示す枠組みは限定的で、諸分野の大学教員の協力によって修正されることが期待される。（参照：ヘンダーソン、一九九九、二九頁「人間政策のための拡大した枠組み」。）

「21世紀における一般教育」カリキュラムの枠組み

科学・技術リテラシー
統計理論
グローバルな変化研究：非線形システム理論
生態学――カオス・モデル
生命システム理論――量子物理学
一般システム理論――非線形システム力学、サイバネティクス
地球環境論
脱産業化社会における経済学・政治学・社会学
国際関係論・平和論・人口論
哲学・心理学・倫理・思想再考

テクノロジー論
デカルト主義批判、第二パイデイアの探求（人間存在論）
総合演習「科学・技術・社会（STS）論」

参考引用文献

アル・ゴア、一九九二、『地球の掟』ダイヤモンド社。

サミュエル・ボウルズ、二〇一七、『モラル・エコノミー〜インセンティブか良き市民か〜』上村等訳NTT出版。

トニー・ワグナー、二〇一七、『未来の学校』玉川大学出版部。

ドネラ H・メドウズ、一九七二、『成長の限界―ローマ・クラブ「人類の危機」レポート』ダイヤモンド社。

ドネラ H・メドウズ、一九九二、『限界を超えて―生きるための選択』ダイヤモンド社。

フリッチョフ・カプラ、一九八四、『ターニング・ポイント』（吉福伸逸他訳、工作舎）。

ヘイゼル・ヘンダーソン、一九九九、『地球市民の条件』新評論社。

マイケル・ギボンズ、一九九七、『現代社会と知の創造―モード理論とは何か』丸善ライブラリー。

大口邦雄、二〇一四、『リベラル・アーツとは何か』さんこう社。

小笠原正明、二〇一七、「書評『「大学の死」、そして復活』」『大学職員論叢』第五号大学基準協会。

川村康文、二〇〇三、『STS教育読本』かもがわ出版。

絹川正吉、一九九五、『大学教育の本質』U・LEAG。

絹川正吉、一九九八、「現代の教養教育論」『大学論集』（広島大学）第28集（絹川正吉二〇〇六所収）。

絹川正吉、二〇〇四、「教養教育・大学教育の新たな創造をめざして」『大学教育学会誌』第六巻第一号。

絹川正吉、二〇〇六、『大学教育の思想』東信堂。

絹川正吉、二〇一〇、「学士課程教育と「学びの転換」」『大学における「学びの転換」と学士課程教育の将来』東北大学高等教育開発推進センター。

絹川正吉、二〇一八、「『「大学の死」、そして復活』に対する書評への応答」『大学職員論叢』6大学基準協会。

絹川正吉、二〇一五、『「大学の死」、そして復活』東信堂。

河内信之、二〇一一、『グローバル・クライシス』風媒社。

日本学術会議、二〇一〇、「提言・21世紀の教養と教養教育」。

日本学術会議、二〇一〇、「提言・地球環境問題」。

林哲介、二〇一七、『教養教育の再生』ナカニシヤ出版。

藤沢令夫、一九九〇、「学問の原方向性―一般と専門の区別をめぐって―」『一般教育学会誌』第12巻第二号」、一般教育学会。

諸富徹、二〇一七、「21世紀の優れた授業・評価」朝日新聞年六月二十五日朝刊掲載。

文部科学省、一九七五、『カリキュラム開発の課題―カリキュラム開発に関する国際セミナー報告書』。

付論　ITの非物質化を超克する――21世紀の大学像

(1)　教育業績評価の重要性

もう十数年も前のことであっただろうか、大学セミナー・ハウスで大学教員懇談懇会が行われた。そのテーマは「大学の魅力開発」であった。私にも発題の機会が与えられたので、「教員評価の視点」というタイトルで発表をした。その趣旨は、大学の教員評価が、もっぱら専門業績評価を中心としていることを批判し、教育業績の評価を取り入れることを主張したことであった。「大学の魅力」とは、大学が本来の機能を十全に発揮することにつきる、そのためには「教員評価の視点」を修正しなければならない、というのが私の主張であった。すると、参会者の一人であった著名な私立大学の中心的存在であった教員の一人が、「大学の魅力開発」ということと、絹川の話は全く関係がない、と厳しく批判された。「大学の魅力開発」ということは、大学の施設を充実し、世人の耳目を引くに足るだけの魅力的な名前をつけた新学部を創設し、大学を社会にアピールすることである、ということであった。このような潮流の中で、実に様々な学部名、大学名が登場し、いわゆる三文字学部（文学部、法学部、理学部、工学部）から、四文字学部、六文字学部への流行が日本の大学界を席巻した。そして、そういう流行を大学の現代化として、文部省・大学設置審査審議会等は歓迎するようであった。

ところが、最近になって、私が主張した「教育業績評価」を重視せよという主張が、中央教育審議会の答申にまで登場するようになってきた。しかし、それで私の主張が正当に日本の大学世界に受け入れられたとは思っていない。すなわち、「教育業績評価」の主張の意味するところと、六文字学部流行が象徴する事態との間には、本質的乖離があるように私には思えるからである。確かに学問領域は現代において爆発的に拡大し、古典的学部名では包摂できない状況が生じている。それに対応して学際的な学部名を六文字で表現することとは必要なことであろう。しかし、その中身は旧套的ディシプリンの寄せ集めにとどまっている場合が多い。そもそも、学部段階の教育において、学際性を直接に学生に学習させることが、学生にとって意味のあることなのであろうか。それでなくても、「分数ができない大学生」とまでいわれている現実を考えると、いま大学教育に求められていることは、高度な学際性を中心とする学習課程ではないはずである。そもそも教育ということは、およそ流行とは無縁なはずである。学問を学ぶということは、おもしろおかしくできることではない。学習が楽しく行われるためには、その前提として基礎的訓練がしっかり行われていなければならない。基礎的訓練を行うことは、地道な営みで、およそ流行を追うようなことではない。そういう地道な教員の営みを正当に評価することがなければ、大学の営みは、その根本において崩れる。そうなってはならないから、形骸化した大学の営みの蘇生術として、私は「大学教員の教育業績評価」を主張しているのである。したがって、「六文字学部」に象徴されるような営みと、私の論旨とは整合しないのである。

(2) IT化とグローバル化との格闘

そのような不整合は、最近はやりのグローバル化やIT化現象にも現われている。世はこぞって大学のグローバル化を評価する。そして、大学の営みがいまやITを抜きにしては語ることができなくなってきた。もちろん、IT化によって、情報空間が無限に拡大されていることを無視することはできない。また学問をするものの視野が、グローバルでなければならないことは言うまでもない。しかし、だから大学生の学習がITを核心とし、グローバル化させなければならないとしたら、彼らの想念は無限の宇宙の中に放り出されて、永遠に自己回帰できない宇宙の放浪者になりはしないか。ここで私たちはIT化がもたらす思想的問題に、細心の留意を払わなければ、取り返しのつかないことになる。

黒崎政男（二〇〇〇）は重要な発言をしている。それを私流に言い直すと、こういうことになる。現段階でのITの本質は、情報を0／1情報にすべて落とすことである。その意味するところは、情報が物質性を失うということである。従来の大学文化は、文字情報を基盤とする。文字情報は物質に刻まれたものである。したがって、IT化によって、文字文化が崩壊する。しかし、人間は物質性を失って生存はできない。バーチャルな世界では生存不可能である。

コミュニケーションの手段が、音声によるしかない時代には、記憶ということが人間の精神的営みの大部分を占めていた。文字文化は、記憶の負荷を取り去り、精神の深化を促進した。したがって、文字文化が衰退すれば、精神的文化も必然的に衰退する。いうまでもなく、リベラル・アーツは文字文化の所産である。したがって、IT化によってリベラル・アーツもまた衰退し、人類の知的遺産は消滅する。これは人類にとって不幸なことである。ITは人間の精神世界に対して、本質的に限界をはらんでいると言わざるを得ない。それゆえに、IT化が爆発的に膨張する間に、人間としての本質喪失が起きないか、大いに危惧される。現代人はIT化を必然的に受け入れざるを得ない。そうであるがゆえに、人間の本質を保持する営みの重要性が際立ってくるのである。21世紀の大学像は、ITとの壮絶な格闘である。

IT文化に屈服して人類は古典という知的遺産を失うのか、それともITを道具化して人間性の祝福を復活させられるのか、そこには究極の英知の働きの場が登場する。21世紀の大学は、超現代と古典的世界の有意味性の相克を、肯定的に引き受けるところでなければならない。

(3) 原点はリベラル・アーツに

21世紀の大学がますます流動化することは避けがたい。その流動化にIT化も深くかかわる。情報の非物質化によって、情報の伝達速度は飛躍的に高速化する。それによって、伝統的大学の存在様式は崩壊する。「大学という制度は、教授と学生の間の情報伝達のタイム・ラグによって成立していた(黒崎、前出)。」IT化によって、そのタイム・ラグが解消したとき、伝統的・学問の権威は消失し(現に消失しているのだが)、伝統的大学の存在様式は崩壊する(現に崩壊しているのである)。現在の日本の大学の混乱は、そういう現実を受け入れない大学教員の存在にも起因している。そういう潮流の中で、大学の個性的在り方がますます重要になる。「リベラル・アーツ」こそは、文字情報文化の原点である。それゆえに、人間世界がバーチャルな虚無空間に飲み込まれることを防御する起点になる。そういっても、リベラル・アーツは、旧套を墨守する保守の権化ではない。現代化されたリベラル・アーツは、人間の本質を擁護しながら、IT化を積極的に受け入れ、道具化する。超越と被造物の世界を峻別する英知を、魂に焼き付ける営みを、学生と教員の共同の営みとする。現代化されたリベラル・アーツは、前述の「大学の不整合」を解くものでなければならない。
「21世紀の大学は、超現代と古典的世界の有意味性の相克を積極的に引き受けるところでなければならない。」

参考引用文献
黒崎政男、二〇〇〇、「IT革命――光か闇か」『別冊環』藤原書店。

VII リベラル・アーツの系譜

はじめに

「リベラル・アーツの系譜」と一口で言っても、それを完全に記述することは、全く不可能である。それは西欧の数千年の思想的営みの全体を記述することに匹敵する。そこで著者がとる方法は、本書冒頭に述べた「ファクション」に類する立場である。ちなみに「ファクション」に関連して、最近、つぎの記事を目にした（「藤沢周平を生んだ道」、二〇一七年一二月一六日朝日新聞朝刊）。「藤沢が小説作りに抱いた強い信念は、つぎのように言えよう。〈虚構の物語を作ることとウソをつくことは違う。根拠に基づいて虚構をどこまで書けるか始終、はかっている。〉本書著者の思いも、これに近い。本章は、リベラル・アーツの一つの物語である。

1 リベラル・アーツの淵源

リベラル・アーツの淵源は古代ギリシアに始まる「アルテス・リベラーレス」の理念にある。そのことに関連して特に注目するのは、イソクラテス（前四三六年～前三三八）の思想、イソクラテスを批判するプラトン（前四二七年～三四七年）の思想、そしてプラトンを批判するアリストテレス（前三八四～三二二）の思想である。

イソクラテスはソフィストの指導者とされる。ソフィスト（sophist）とは、ネガティブな印象もあるが、ほんとうは「智が働くようにしてくれる人」、「教えてくれる人」であった。ソフィストは、前五世紀ごろの古代ギリシアで、アテネを中心として弁論術や政治・法律などを授けた職業的教育家たちである。彼らは金銭を受け取って徳を教えるとされた弁論家・教育家の類である。ソフィストの教育は、古代民主主義社会で重要な演説の作法を教える修辞学（弁論術、rhetoric）が核であった。修辞学は、よく行うこと、そのためには、よく語ること、よく考えることのための学問であった。

イソクラテスは、当時のギリシアで最も影響力のある修辞学（レトリック（rhetoric））者で、プラトンとは対峙していた。ギリシアが現実に必要とした知的エリートの養成をするため、古典的伝統の支配的な特色となる弁論修辞の教養、文学的教育を重視した（以下、山田耕太、二〇〇八による）。

イソクラテスの修辞学教育は、現実的な問題や事件に対処するための言語使用能力に重きを置いた。したがって、それはエリートを対象としない一般教育とも言えよう。国家に奉仕するための生徒の公民教育、訓練に重きを置き、そのために生徒たちは様々なテーマについて、弁論を組み立て述べることを練習させられた（現代の「課題探求型教育」）。彼は、時と場合に応じた雄弁家の能力を力説していた。イソクラテスは理想的な雄弁家は修辞学の才能を持つだけでなく哲学・科学・芸術の幅広い知識を持つべきだと理解し、リベラルな教育概念に影響を与えた。

古代ギリシアで重要視された理念に「パイデイア」がある。パイデイアは自由人（奴隷ではない、肉体労働から自由な者）の教育を指す。普遍的な知識のみでなく、人間の徳を育むことが目的とされた。

古代ギリシア語のパイデイアは、「教育」education, Erziehung あるいは culture, Bildung と訳され、ローマ時代のフマニタス humanitas がそれに相当する。日本では「フマニタス」を「教養」と訳すのが慣例のようである。フマニタスは英語の humanities にあたり、「人文（科）学」とも訳される。学ぶということの根本意義は、「魂の世話」（パイデイア）にあると考えた。「人生いかに生くべきか」これ以上真剣なことはない（『ゴルギアス』）。パイデイアは、人間存在の規定様式を意味した。

パイデイアにかかわることに、エンキュクリオス・パイデイア（εγκύκλιος Παιδεία）がある。エンキュクリオスは、円を描くように、という意味である。エンキュクリオス・パイデイアは円環的に配列された科目による人間教育、オールラウンドの教育である。ソフィストの教育は、エンキュクリオス・パイデイアであり、その教育の目的は人間の教育で、知恵、節制、勇気、正義、経験という徳を教えることにあった。パイデイア（παιδεια）に対してテクネー（τεχνη）ということがある。パイデイアは自由人（奴隷ではない）が学ぶべきものであるのに対して、テクネーは奴隷人の営みであり、専門的技術である。それに対して、パイデイアは一般的教養である。

テクネーは、芸術をも含んで広く技術一般を意味する。絵画、彫刻などの諸芸術をはじめ、医学、建築法、弁論術、料理法など、およそ人為による所産に関してテクネーの語が適用され、その意味では自然と対立することにもなっている。古代ギリシアでは、人間の制作活動一般に伴う知識や能力が尊重され、それら全体がテクネーの名で統括されていたのである

プラトンは、テクネーとパイデイアとを、厳しく対比させた。パイデイアは、何らかの知識や技能を増やすことではなく、人間の何らかの能力を発達させることでもなく、人間の本質規定にかかわる概念であった。「パイデイアは、私たち〔人間〕の最も固有な存在を支配しているもの」とされた。パイデイアは、落ち着きが失われた状態から、節度ある落ち着きに保たれた状態へと移行させる営みだと、ハイデガーは注釈している。

イソクラテスの教育はテクネーであると、プラトンはイソクラテスを批判した。パイデイアこそは自由人、教養人が学ぶべきものであるとする。「テクネーとして学んだのではなく、一個の素人としての自由人が学ぶにふさわしいものとして、パイデイアのために学んだわけなのだ（プラトン『プロタゴラス』）と言う。

古代ローマ時代に、修辞学が理論づけられた一学問として体裁を整えるようになった。レトリックの五分野、発見・配列・呈示・記憶・演示が確立したのもこの時代である。

修辞学は、古代・中世の教育規範である自由七学芸のうち、文科系の三学（文法学・論理学・修辞学）の一つである。とりわけ中世では、理科系の四科（算術・幾何学・音楽・天文学）に比べて、言語を扱う三学が優位にあったため、修辞学の相対的な地位も相当に高く評価されていた。そして、修辞学は欧州中世の教養の

大部分を占めるようになった。

リベラル・アーツ教育のはしりは、修辞学であった。そこに起源をもつリベラル・アーツを「アルテス・リベラーレス artes liberales」と言い、その系譜を「弁論家（オラータ oraters）の系譜」と言っている。「アルテス・リベラーレス」の特性はつぎのように記述されている（中村夕衣、二〇〇六、大口、二〇一四、本書VI）。

・ローマのキケロにより継承、中世のキリスト教世界で定着。
・一般的に共有された知識を公的な場で表現する「市民」の教育。
・言語に関する知識（修辞学）を重視（受け継がれてきた価値秩序に基づく）。
・言語の習得を通じて、一般に共有されている行動様式、思考様式を学ぶ。
・受け継がれてきた価値秩序の内面化によって価値規範を形成する。
・価値規範の形成に「古典」が用いられる。
・こうした価値規範の形成は、公的な場に参加する「市民」（エリート）のみに要請される。

オラータの系譜に対して、後述のソクラテス、プラトンに起源を持つ「哲学者（philosophers）の系譜」がある。しかし、プラトンが描くのは、鋭利な、だが孤独の精神を持ち、闇から光へ、「自分を取り巻く暗き明かりから実在という真の光へ」――「生成するもの」から「実在するもの」へ――上昇すべき人間は孤立した存在であり、オラータの系譜と鋭く対立するものであった（ステファン・ディルセー、一九八八）。「哲学者の系譜」は、後世の近代啓蒙思想家、科学者などにより継承・発展され、liberal-free のリベラル・アーツの思想に発展する（本書VI章参照）。

2 自由学芸

紀元前三八七年、プラトンは「アカデメイア」を開設した。そこで学ばれた科目は、算術、幾何学、天文学等で、それらを学んでから、理想的な統治者が受けるべき哲学を教授した。特に、幾何学は、感覚ではなく、思惟によって知ることを訓練するために必須不可欠のものであると位置づけて（本書II参照）、学校の入り口の門には「幾何学を知らぬ者、くぐるべからず」との額が掲げられていたという。プラトンは公教育の理念の創始者であった（注「アカデメイア」はプラトンの学校があった地名である。それが転じて、のちに「アカデミック、アカデミー」等の派生語が生まれた）。

その後、ソフィストの活動の高まりやヘレニズム世界の拡大とともに、図書館を備えた私的な学校が登場するようになった。ヘレニズム世界において、公的性格をもたぬまま一定の学科課程を備えていた、修辞学、演術法、文法、弁証法等の講座を範として、ローマ時代には、文法教師や弁論術教師たちが講座を開いていた。それらはやがて国家の監督の下に移って行き、ローマの修辞学校に接続する。四世紀から五世紀にかけて、ローマの属州アフリカは学問の中心となり、ある種の文学的な一般教育が行われていた。

四世紀には、文法・修辞学・弁証法・算数・幾何・天文・音楽が、「エンキュクリオス・ディシプリナ（円環的学科目）」を構成するようになった。いわゆる「四学（Quadrivium）の、算数はニコマクスに、幾何はユークリッドに、天文はプトレマイオスに、音楽はアウグスティヌスなどに拠っていた（ステファン・ディルセー、一九八八）。その後キリスト教化された学校にそれらは引き継がれ、人びとを世界の合理的把握へ導く手がかりとなった。

3　リベラル・アーツは神学の僕《しもべ》であったか

リベラル・アーツ教育を教養教育というが、この訳は正しくない。「リベラル・アーツ」は必ずしも教養ではない。「教養」という日本語の使われ方には独特の意味合いがあり、リベラル・アーツそのものには対応しない（筒井、一九九五、絹川、二〇一五）。

リベラル・アーツの西欧起源は言うまでもなく古典ギリシャにおける貴族階級（自由人）の教育にある。「リベラル」という言葉は、リベラル・アーツの内容を示すのではなく、その教育を受ける階層を示した。西欧中世になると、リベラル・アーツは僧院における教育内容（自由学芸七科）となる。具体的には言語系三科（trivium）として文法、論理学（弁証法）、修辞学で、数学系４科（quadrivium）として算術、幾何学、天文学、音楽である。通常これらの科目は当時の専門、すなわち神学、医学、法学を学ぶための基礎教育であった、と説明されているが、それは必ずしも正しくない。例えば、修辞学は弁論術、公文書作法、歴史、法律等を内容としていて、極めて実用的であり、算術は教会の祝祭日の算定に必要な知識であり、幾何学はユークリッドの幾何学であるが、それには地理が含まれ、巡礼をする僧侶に必要であり、天文学は教会歴のための占星術に必要な科目であり、音楽は言うまでもなく聖歌の作法に必要であった。これらの教科は神職のためのアーツであって、日本語で言う教養ではない。むしろ、神職の職業訓練に近い。

状況が変化するのは一二世紀から一三世紀にかけてである。ことの起こりはリベラル・アーツの教員集団と神学の教員集団の対立にあった。リベラル・アーツの中で特に神学にとって重要な科目は論理学、すなわち、アリストテレス論理学であった。神学にそれは必要不可欠なアーツであったから、リベラル・アーツの教員と神学の教員は、はじめは対等であった。リベラル・アーツは「神学の婢」というような差別的抑圧的関係にはなかったようである。その政治力学が動くのは、アリストテレスの自然学をリベラル・アーツ派が受容しようとしたことによる。この両派の対立が大学の起源に接続し、やがて啓蒙的学問を生みだすことになる。

そもそも、両派の対立の淵源はなにか。「初期の教会および中世の時期に神学が科学的営みを押さえ付けた」という陳腐な解釈は明確に論破されている（エドワード・グラント、一九九四「中世における科学と神学」、R・リンドバーク・R・Lナンバーズ編『神と自然』みすず書房：以下は本資料による）。はじめの千年間は、キリスト教の神職者たちは、ギリシャの自然学的知識は、神学に有益であると考えていた。もちろん、キリスト教会はギリシャの自然学的知識から、異端的と考えられるものを排除して、キリスト教神学と整合するものを選択して学んでいた。彼らはギリシャの自然学的知識を、それ自体のためにあるとは受け止めていない。「聖書の解釈の助けになる限りにおいて」ギリシャの自然学的知識を受容・利用していたに過ぎない。そもそもは、自由学芸七科が異端的教科であったのだから、いつかは対立するはずのものであった。自由学芸七科をその時代の知識人の必修科目と位置づける説が標準的であるが、それが本来は異端的内容であったことを考えると、事情はそう単純ではない。

さて、その対立の根底を標語的に表せば、プラトンとアリストテレスの対立に重なる。プラトンによれば、創造主なる神が前もって存在し、かつ永遠に共存する質料と形相とから世界を紡ぎだす（「ティマイオス」）となり、アリストテレスによれば、「始まりも終わりもない世界と、こうした世界を何ら知らない神を想定する」ことになる。キリスト教神学はプラトンと親和力が強く、創世記と調和的であるが、アリストテレスとは異質である。この対立を「アテネとエルサレムの確執」と言った人がいる。そこには、世界観の差異がある。エルサレムは主張する「すべての真理は聖書の中に発見できる。」と。アテネは主張する。「知識は人間の理性が獲得する。」と。この確執が西欧の学の系譜の底流に延々と続いている。はじめは、キリスト教神学とアリストテレスの自然哲学とを統一しようとする努力が、学問的営みとして続けられた。その確執がリベラル・アーツ派の台頭によって顕在化したのである。しかし、奇妙なことに、両派の態度に共通項がある。それは共に「権威」を盾にしていることである。エルサレムは聖書を、アテネはアリストテレスを盾にしていた。人間とは権威を前提とする存在である。

一三世紀はじめに、キリスト教はアリストテレスの形而上学と宇宙論を取り入れた。それによってギリシャ自然学は体制派に取り込まれたかに見えた。しかし、特にアリストテレスの創造論は当然にも異端とされた。エルサレムとアテネの確執があらわになった。ついに、一二七〇年代にアリストテレス自然学に対して異端宣告がされる。しかし、アリストテレス自然学を研究するリベラル・アーツ派の主張は衰えない。リベラル・アーツ派は連綿と続いた体制的学問に対して進歩的立場を獲得する。その勢いにエルサレム派は妥協せざるを得ない。すなわち、アリストテレス自然学を「仮説として公言する」ことを承認したのである。かくして、アリストテレス派、すなわち自由学芸派の興隆が止まらなくなった。やがて、その機運が「大学」の成立から啓蒙主義の勃興の基礎を創り、近世科学の発生を導くことになる。キリスト教神学は逆説的に近世科学の発生を導くのである。その発端が「アリストテレス自然学の仮説化」であった。啓蒙思想を促進したのは、神学と自然哲学の分業体制の実現である。

この伝統は現代まで続き、神学と自然科学の分業が長い間認められてきた。例えば、K・バルトは「自然科学は、神学が創造の働きとして記されなければならないことの向こう側に、自由な領域をもつ」と言っている。この発言の問題性をここでは論じない。著者がここで強調したいのは、「アリストテレス自然学の仮説化」の功罪に注目したいことである。エルサレム派とアテネ派の対立は、学問の方法的対立でもあった。前者は神を前提に世界を認識する。後者は神を前提にしないで世界を認識する。それぞれは独立であった。「科学は宗教的教義とか、自然神学とか宗教的権威とかを考慮することなしに研究されるべき」である、という近代的学問観の出発である。そして学問の方法も対立する。エルサレム派は演繹的方法を中心に据えるが、アテネ派は事実を前提として帰納的方法を用いる。

アリストテレス自然哲学を仮説化することで、エルサレムとアテネは共存することになるが、伝統の砦に囲まれたエルサレムにたいして、自由なる学の追求を目指し、新しい世界を手に入れようとするアテネは勢いが強い。ここで俄然アリストテレス派、すなわちリベラル・アーツ派は反体制の契機をつかむ。リベラル・アーツとは支配階級の学であったが、ここではじめて自由な知的探求を目指す批判的エートスを獲得したと考えられる。

中世までの学問は、意味世界の探求に重点がおかれ、自然には目的がある、その目的追及が学問であった。その核心は真理は永劫の昔から神の中にあるという信仰である。しかし、そのエートスは、探究者を「すでにある真理（神）の中に安らわせる」頽廃を生んだ。中世的思考の特徴は「休息」であった。リベラル・アーツ派はその惰眠を破ったのである。そして新しい知の幕明けをもたらすと同時に、何かを欠く営みに人間を走らせたのである。

とは言っても、近世科学がいきなり神学から自由な世界を切り開いたのではない。相変わらず、科学は神の創造の世界の探求であった。神学と関係ない営みであっても、その目的とエートスは神のためであった。

もう一つ注意しておきたい。プラトンの思想と共鳴するエルサレム派は体制派であると同時に、それは非民主的政治思想を体現していた。非民主的政治思想が必然的に悪である、というようなことをここで言っているのではない。念のため断っておく。対するアテネ派はそれに対する批判派として民主主義を標榜する。つまり、リベラル・アーツ派が民主主義の旗振りとなるとともに、リベラル・アーツが、民主主義を可能にする、というスローガンを掲げることになる。そして、学問を神職者以外の人に開かれたものとすることにより、大学の社会的認知を獲得することになる。そして、リベラル・アーツによって世界はよくなるという学問の価値を期待させた。学問によって社会は進歩するという期待を、大学は人々に期待させたのである。そして啓蒙時代へと進む。啓蒙思想の時代は、ヨーロッパで啓蒙思想が主流となっていた一七世紀後半から一八世紀にかけての時代のことである。啓蒙思想とは、聖書や神学といった従来の権威を離れ、理性（悟性）による知によって世界を把握しようとする思想運動である。

「啓蒙時代は、人間はすべて理性的な探求を行うことができる人物に変えることができる、という前提で出発した(立川明)。」その根拠は学問の方法、すなわち経験科学である。学問の方法は人間の恣意的考えを排除し、誰にたいしても同一の結論を導き、その方法はすべての人に解放されている。そういう学問によって、すべての人が民主主義を担うのにふさわしいことを可能にするのである、と考えるようになった。そのことが大学の社会的意味を拡大した。すなわち、大学は社会の進歩に貢献する存在であると考えられるようになった。

経験科学が起こり、啓蒙思想の夜明けとともに、これまでの「アルテス・リベラーレス」とは異なる意味でのリベラル・アーツとして、「リベラル・フリー」が登場した。一八世紀になって、「リベラル」ということは、「狭隘な偏見からの自由、開かれた精神」という積極的な意味合いをもつようになった。ここでいう「自由」とは、「アルテス・リベラーレス」を目指す「自由人」の「自由」とは全く異なることを注意しなければならない。

「リベラル・フリー」の理念の特性はつぎのように認識される（中村前出、大口前出、本書Ⅵ）。

・自由を強調する。特に先験的な批評や規範からの自由である。
・知性と合理性を重視する。
・批判的懐疑主義を含んでいる。
・寛容の精神を特徴とする。
・平等性への傾向を特徴とする。
・市民としての義務以上に個人の意志を強調する。
・リベラル・フリーの理念を立てることは、何かのためではなく、それ自身のためである。

近代以降、アメリカのカレッジにおけるリベラル・アーツの理念は、アルテス・リベラーレスとリベラル・フリーの二つの理念が交錯して、複雑に展開した（本書Ⅵ）。

4　近代科学革命とドイツ型大学

リベラル・アーツが社会的認知を受けることができると、その反体制的エートスはやがて衰退することは、歴史的必然である。体制化したリベラル・アーツはやがて学問の旗手であることから成長して、知的世界への入門コースとなる。リベラル・アーツはおよそ知識人と言われるための基礎となり、その世界への免許証となる。リベラル・アーツはジェントルマンの素養、すなわち、人間形成のための基礎を与えるものとして位置づけられる。かくして、学問的エートスは衰退し、慣行と惰性が支配する。そしてリベラル・アーツは諸学の僕となった。

一八世紀のアメリカのリベラル・アーツ・カレッジの理念によれば、真の教育とはリベラルでジェネラルであって、職業のためのものではない。その具体的内容は「論理学、神学、修辞学、自然哲学、数学、言語（ギリシア語、ラテン語、ヘブル語）」であった。これらの科目はすべての学生に必修であって、選択をする余地はない。そもそものリベラル・アーツ教育の構造上の特徴のひとつがこの必修制度であった。それは、およそ教養ある人間が当然にも修めているべき内容を意味することに由来する。以下に述べるように、アメリカのリベラル・アーツ・カレッジは、その後、学問の専門分化の影響を強く受けて様々な変容を重ねるが、にもかかわらず、その根底では常にこの古典的リベラル・アーツとの格闘があった。

一八世紀のアメリカにおけるリベラル・アーツ・カレッジの頽廃状況は、「復唱（recitation）」という教育形態に見事に表現されている（潮木守一、一九九三）。カレッジの学生はひたすら古典の復唱に明け暮れた。「学生は教師の質問に答えるだけで、教師に質問することはない。ましてや文章の内容について議論することもない。多くの学生にとって、授業とはきわめてたいくつな時間であった。」このリベラル・アーツ・カレッジの惰眠を破るのが、一九世紀ドイツの大学の科学革命であった。

5　一九世紀ドイツの大学の科学革命

一九世紀初頭、ウィルヘルム・フォン・フンボルトの理念に基づくベルリン大学の創設（一八一〇）は、一九世紀と二〇世紀の大学のモデルになったと言われている。それまでの大学が、伝統的に過去の知的遺産継承を中心としていたのに対して、革新的理念をフンボルトは提示したと言われている。そのフンボルト理念を一言で言えば、研究が大学の使命であるということになる。「学問をつねにいまだ完全に解決されていない「問題」として、たえず研究されつつあるものとして扱う」ことに大学は移行することを主張した。この大学理念がドイツの大学を世界一流の研究大学に変貌させた、と言われている。大学は最先端の研究をするところで、学生は研究に熱中する教授の背中を見て教育される、と信じられた。ところが、大学が使命とする研究は、フンボルトによると、「職業のための準備ではなく、『教養（Bildung）・学識』を意味している、という（ハンス・ゲオルグ・ガダマー、一九九三）。研究中心大学の創始者の言葉としては、いささか整合性に欠けている。真実はどうであったのか。フンボルト理念はドイツの大学でどのように実ったのであろうか、検討を要する。（以下、潮木守一、一九八六）

一九世紀後半、ドイツの大学が科学革命の拠点に突然なったのは、フンボルト理念であるという通説は、後世の幻想であるという（前出）。フンボルト理念はむしろ非科学的思弁的なナショナリスティック哲学の鼓吹であった。科学を促進した本当の原因は、ドイツの大学の教授人事の刷新であったという。ドイツの大学の教授会自治の実態は、ギルドの頽廃であり、情実人事が横行していた。それを改革するために、大学教授任命権の中央集権化が行われた。大学教授任命権の中央集権化の方法としてとられたのが、客観的研究業績評価の方法としての“PUBLISH OR PERISH”であった。潮木は、「フンボルト理念への反逆が19世紀ドイツ科学革命の原因だ！」といっている。理念では大学は変わらないのである。

さらにもう一つの要因が指摘されている。一九世紀ドイツの科学革命を支えたドイツ専門主義の情念の起源は、Non-establishment の屈折にある。（日本の場合、Non-establishment の屈折は修養主義に吸収されて、社会変革のエネルギーにはならなかったのとは、対照的である（筒井、一九九五））。近世ドイツの大学は政治革命の情念の温床であった。マックス・ウェーバーの「職業としての学問」における「価値自由の理念」も、そういう時代背景の下において見ないと、とんでもない誤解が生ずる。ドイツ的大学文化は非普遍的であるのに、日本の大学人はそれを普遍的なことと誤解した。いわば、理念として建前にしてしまったのである。この辺に日本の大学の頽廃の原因がある。さて、政治化した大学において、体制変革の幻想が消失したとき、政治的エネルギー、すなわち既成の体制変革へのエネルギーは転質して、学生を遊び文化の虜にした。決闘と暴飲に明け暮れる学生が大学を占領した。大学はレジャーランドに成り果てた。大学レジャーランド化は日本の発明ではなかった。

さて、行き場を失ったエネルギーが求めた先のもう一つが、科学革命であったというわけである。すなわち、既成の理論を破壊するエネルギーに転質したのである。科学の隆盛をもたらした情念は、大学の退廃への対抗であり、また社会革命への絶望の反作用であった。

したがって、ドイツ大学の科学革命は、若者の逸脱文化であり対抗文化として、格好の場所を与えることになったのである。かくして、この科学革命へのエネルギーと研究業績主義とが結合して、一九世紀ドイツの大学の科学革命を生むことになった。フンボルト理念が、必ずしもドイツの大学を科学研究に促進したとは言えないのである。

6　科学革命と大学文化

一九世紀ドイツの大学の科学研究を担った人間像は、およそ常識人ではなかった。そもそも既存の理論を転倒させ、新しい理論を構築することだけに専念しなければならないのだから、科学革命を担う大学の教師は、パラノイア的資質の者でなければならなかった。「彼等に求められていたのは、他のことには目もくれず、あくことなく一点に没頭して行くパラノイア的資質」であった。そして、当然にもその営みは極めて孤独なものであった。潮木（前出）は次のように述べている。「一つのものを追い求める人間には、それ以外のことは一切関心のなかには入ってこない。彼らの知的営みを支えているものは、むき出しの追及本能であり、破壊本能ですらある。知的探求とはもしかしたら、破壊本能、自殺本能の一変形なのかもしれない。知的好奇心の起源は、人類の歴史とともに古い。しかし知的好奇心を一つの社会的組織をもってあおり立て、その成果を業績、地位、名誉、金銭という報酬をもってあがなうことに思い至ったのは、けっして古いことではない。知的好奇心を破壊本能、自殺行為ぎりぎりのところまで追いやることが、諸々の報酬となって返ってくることを知ったとき、多くの若者が、そして多くの大人が、このラット・レースに巻き込まれた（潮木前出）。」研究はもうかる、という飴と、“PUBLISH OR PERISH”という鞭がうまく機能して、類例のない大学文化がドイツで発生したのである。

「一つのテーマをあきることなく、コツコツと調べ上げ、そのなかから何らかの独創的知見を引き出し、しかもその独創性を競い合う行動様式が「研究」と呼ばれるものの具体的姿であった。少年のような好奇心をぎらぎらさせ、他のことには一切目を向けず、もっぱら一つのことに没頭することによって、自らのアイデンティティを獲得しようという特異のタイプの人間が研究者と呼ばれた（潮木、一九九三）。」そういう科学革命の戦士たちがドイツの大学文化をつくったのである。そして、それがイギリス、アメリカの大学に影響を与え、また日本の帝国大学のモデルとなった。著者が大学の研究室で徒弟的生活をしていた頃のある日、指導教授に著者はこう言った。「この研究室の人はみな変だ。」すると、かつての帝国大学の教授であった著者の先生は、私をジロッと見て、「お前は変ではないのか」とやりかえされた。その世界では変人であることが、価値なのであった。日本の大学というところは、そういうところであったし、また今でもそういう文化を保持しているところなのである。文化に普遍はない。大学文化に普遍性はない。日本の大学の文化の源は、一九世紀ドイツの大学の文化の模倣である。それがやがて日本的変容を経て日本の大学の文化というものになった。

7　アメリカの大学文化

一九世紀のアメリカにおけるリベラル・アーツ・カレッジの頽廃状況を破るのが、一九世紀ドイツの大学の科学革命であった。（本節は主として、潮木、一九九三による）。その頽廃状況は次のようであった。当時のカレッジは全寮制であった。その教育理念、というよりは、教育イデオロギーは、「一つの屋根の下に住み、ともに学び、ともに生活し、ともに祈るなかで、はじめて一人前のジェントルマンが作られる。」ということであった。（ジェントルマンの育成が目的で、女性は対象外である。）「一つ屋根のもとでの共同生活は、ひと皮むいてみれば、二十四時間監視つきの強制収容所になりかねなかった。教師と学生の全人格的接触は、いくらでも簡単に全人格的反逆に転化した。」そして学生は反乱を好んだ。授業の内容は、ラテン語、ギリシャ語のテキストの復唱と翻訳が中心であった。教師の役割は、学生が定められた範囲のテキストが暗唱できるかを監督するだけで、そこには何らの生産性は認められなかった。もっとも、「生産性」という評価基準を当時に当てはめることは無意味であろう。それでは、カレッジの存在を社会が認めた根拠は何であったか。それは、主に学長が担当する道徳哲学の授業だったという。それは一種の帝王学であった。学長は学生を鼓舞して、社会の指導者となるべきジェントルマン教育の仕上げをした。したがって、学長に求められた資質は、カリスマであり、若者を興奮させる弁論の巧みさであった。

このような伝統的カレッジの在り方に革命を起こしたのが、一九世紀ドイツ大学の「研究中心イデオロギー」であったという。当時、ドイツに留学して帰ってきた少壮の研究者が、アメリカのカレッジの改革を試みたのである。彼らは、「復唱を廃止し、教師は講義をすべきだ」と主張した。ドイツの研究中心大学の授業は、教授の研究成果を誇示する講義であった。このスタイルがアメリカのカレッジに持ちこまれた。日本の現在の大学への批判の材料に、古めかしい「講義」スタイルがやり玉にあがっているが、それはアメリカのカレッジ改革のシンボルだったのである。

学生を監督することしかできない伝統的教師にとって、これは脅威である。しばしの抵抗の結果、何が変わったか。従来の復唱中心の科目に、新たに科学についての講義中心の科目が、選択科目として、加えられた。

学生はどう反応したか。復唱は予習を強制されたが、講義は聞くだけですませることができる。しかも、選択であるから、「楽勝科目」を選ぶ自由が学生に与えられたことになる。あらたな頽廃を生む余地は始めから用意されていた。そもそもカレッジの「現状に対する不満は、カレッジ内部での議論から生じたのではなく、よりすぐれた外国モデルとの接触から生じた」のである。大学改革は常に外圧によるのだという歴史の経験をここに見る。

ドイツの大学における科学革命の影響はヨーロッパからイギリスおよびアメリカに至った。しかし、科学革命がイギリスやアメリカの大学にすんなり受け入れられたのではない。ニュートンの国イギリスでは、科学は大学の外で、富裕階級のレジャーとして扱われていた。「大学はこの革命が彼らの頭上を通り過ぎるのにまかせた。大学は昨日を反映していたが、明日を照らすことがなかったのである（エリック・アシュビー、一九七七）。」

一八世紀後半の学問の状況、すなわち、学問の専門分化の進展に伴って、アメリカではカレッジで専門学科を学ぶ機会を排除していることに対する批判が高まってきた。またリベラル・アーツ・カレッジが多様化してきた職業につくための教育を排除していることについても批判が高まってきた。アメリカの大学教育において、専門教育や職業教育等応用学術の要素が強まって来た原因は、専門分化を推進しつつあったドイツの大学の影響であった。その傾向に拍車をかけたのは、モリス法（一八六二年、政府が土地を提供して応用学術を推進する大学を州ごとにつくらせる法律）の制定であった。ドイツにあっては、学生は大学入学以前にリベラル・アーツの教育は終了していることを前提にしている。したがって、大学の主目標は独創的な研究にあるとされた。そこにはアメリカの大学におけるリベラル・アーツの要素の入り込む余地はない。ちなみに、明治時代にできた日本の帝国大学はこのドイツ型大学の模写であったことは周知のことである。

ドイツ型の大学理念の影響によって、アメリカの大学は伝統的リベラル・アーツに加えて、専門学習課程（specialization）または集中学習課程（concentration）を加えることが大勢になってきた。特に、主専攻（major）・副専攻（minor）制度が多くの大学で採用された。「主専攻」とは、ある特定の専門分野の二年間分の学習を課することである。それに加えて「副専攻」として他の専門分野の一年間分を修めさせるのがこの制度である。

アメリカの大学教育を専門教育に傾斜させたもう一つの要因に選択科目制度がある。これは一九世紀末のハーバード大学に端を発するが、その本来の意図に反して、学生の科目選択の大幅な自由化が、学習をある特定の専門分野に集中させる傾向を生んだ。この専門学術偏向の傾向が強まるにつれて、こんどは逆にリベラル・アーツの復権が追求されるようになってきた。その復権の理念が「一般教育」である。すなわち、ドイツ型大学の潮流のなかで、何らかの意味でリベラル・アーツの要素を残そうとする試みを表現するコンセプトが「一般教育」なのであった。もちろん、その内容は古典的リベラル・アーツではないが、その思想はリベラル・アーツに根ざしていた。この意味では一般教育は現代的リベラル・アーツを目指すものであったといえよう。

ドイツの大学の影響に対して、伝統擁護の動きも活発であった。その中でも際立っていたのが、イエール大学の主張である（イエール大学、一八二八）。これはアメリカ・リベラル・アーツの理念を端的に表現していた。潮木（前出）はそれをつぎのように要約している。カレッジ教育の目的は、「すべての職業に共通する基礎を築くことにある。」そういう教育の「主要な目標は、精神的諸能力の」拡大と調和、リベラルで総合的な物の見方、見事に均斉のとれた性格を与えることである。」「人間の精神は、知的能力、感情能力、意思能力といった実体能力からなりたち、その能力を陶冶するのに、古典語と数学の学習訓練こそが有効である。リベラル・アーツは知識人を内的に結びつける唯一の普遍的教養であり、必須の教養教育である。カレッジに入学してくる学生の年齢が低いので、自己に適した学問内容を自分で決定するには早すぎる。」

古典中心のリベラル・アーツの体質が、素直に科学を受け入れることにはならなかった。科学は古典よりは低いものであった。アメリカの伝統的カレッジの多くはキリスト教の教派を起源としている。そこでは礼拝が行われていたが、礼拝堂での科学者の席次は末席であったという（潮木前出）。それでも時代は科学研究を大学に受容させる圧力を増し加えた。工業が急速に発展する中で、大学だけが伝統的在り方にとどまることを許さなかった。そこで妥協案が登場する。すなわち、本体は古典的リベラル・アーツのままで、別科として科学校を設立したのである。しかしそれは継子であり、二流扱いであった。

二流の科学校がやがて一流になりえた原因が、時代の潮流ということ以外にいくつかある。その一つは財閥との結合である。「富みと教養の結合」という表現がある。富裕階級とドイツ帰りの大学教授との「社会的結婚」が改革派教員の存続を可能にした。ハーバード大学にドイツ的スタイルを持ち込んだのは、ジョージ・ティクナーである。彼は改革に失敗し、後年「50年早すぎた改革者」とよばれた人物である。彼はボストンの大実業家の娘と結婚し、彼の生活は妻の資産によって支えられた。生活の憂いがあっては改革運動はできなかったのである。当時のボストンの富裕階級の間では、娘を大学教授と結婚させることが流行したといわれている（潮木前出）。また、伝統に固執したイエール大学も科学のデパートメントを置くようになり、やがてシェフィルド科学校として確立するが、それが可能であったのは、シェフィルドという名前が示しているように、その名の富豪の資金による。デパートメントの中心的教授がシェフィルドの娘と結婚したのである。

そして、傍流の科学校を一流にする仕組みとして、「大学院大学」が創設されるのである。「大学院」という制度はアメリカにおける伝統と革新の相克の中で生まれたアメリカ固有の制度であった。学部終了後の教育機関としての「大学院」を初めて制度化したのはジョンズ・ホプキンス大学である。この名のとおりジョンズ・ホプキンスというボルティモアの富豪の遺産によって作られた大学である。なぜ大学院大学を創ったたか。当時、アメリカにはカレッジ卒業後の教育をする社会的必要性はあまり認識されていなかった。それではなぜ大学院大学を創ったのか。それはドイツの研究中心大学の影響である。アメリカの大学は、ドイツの大学と比べると、学問的には低いレベルにあった。ドイツの大学に比肩できるものは、アメリカでは学部終了の後の教育ということになる。現在でもアメリカのカレッジ卒業生は、ドイツの大学では学部卒とは見做されないようである（舘昭、一九九七）。ドイツの大学のレベルで考えれば、「学部後教育（graduate education）」がドイツの大学相当の教育になるのである。第二次大戦後、日本で新制大学が発足してしばらくの間、旧制度の大学と併存したとき、旧制度の大学卒は新制度の大学卒より上位にあると、殊更に差異化が主張されていたことを思い起こす。ボルティモアに新しい大学を創ろうとしたとき、創立者は当然他の大学からは際立っている大学を創ろうとした。彼らが目をつけたのが、「学部後教育（graduate education）」すなわち、大学院であったというわけである。しかし、社会的必要性がないときに、そういう大学をつくるのであるから、容易なことではなかった。しかし、ドイツ大学の科学革命が原因とすることの裏には、もっと現実的な理由があった。すなわち、既存のカレッジと学生を奪いあうことのないように、新しい大学は陣取りをしなければならない、という同業者の談合のようなことがなかったとはいえない。結局、ジョンズ・ホプキンス大学は大学院大学に撤しきれずに、カレッジも併設して出発した（一八五七）。しかし、「ドイツ帰りの巣窟」であったジョンズ・

ホプキンスでは、ドイツ流の大学をアメリカに創ろうとしたのである。ジョンズ・ホプキンスの「ドイツ帰り」の教授たちは、「アメリカにあるものはカレッジであって大学ではない」と考えていたのである（潮木前出）。「ドイツ帰り」の教員達は、自分たちの本務は研究であると自己規定した。「研究に没頭している教師にとっては、学生のことはどうでもよかった。教授たちは勝手な時に授業をはじめ、勝手なときに授業をやめた。出席をとることもいやがった。学生はもともと自分で勉強するものであった。」「ジョンズ・ホプキンスはいわばこうした研究狂の集まりのような観を呈していた。」学長は「大学の主要な任務は、青年を教育することにある」と叫んでいなければならなかった。このような歴史をみていると、現在の日本の大学事情のパロディを見ているようでもある。

一八六二年にランド・グラント法（モリル法）が制定され、国有地交付という支援により州立大学に農・工系の実用的カレッジが創設されたことも力になって、伝統的カレッジの枠を破る機運が生まれ、やがてアメリカの大学にドイツ型の研究大学が多く見られるようになった。そして研究大学であることが、一流大学のしるしのようになってきた。一八八九年にチャールズ・S・パースは辞典の「大学」の項目を執筆して、「大学は授業とは関係ない」と定義した。「つまり大学とはもともと、研究するものの集まりであって、授業をすることは副次的なことにすぎなかった。」しかし、アメリカのアメリカたるところは、アメリカの大学が猫も杓子も研究型大学にはならなかったことである。二〇世紀初頭になると、こうした研究型大学に対する批判が噴出した。「一つの研究テーマに没頭することは、精神を歪めるだけのことである」という批判の声を聞くようになった（潮木前出）。一つのことを偏執的に研究して得られる博士号は、「知的バランスの欠如」を示す以外の何者でもない、と喝破する大学教授もいた。日本では、博士号が取れないから、博士号は学問研究にとって意味がない、と高言する教授が数多く存在した。プリンストン大学のある教授は、「研究業績によって大学教師を選ぶなどということは、破壊的な理論である」と批判した。現在の日本の大学でこのようなことを言えば、たちまち村八分にされてしまう。心で思っても、口に出さず、研究が大学の至上価値であることに調子をあわせていなければならない。著者が駆け出しの助教授であった頃、大学教育の研究集会で出合ったイェール大学のある教授が、「君は研究業績をあげて早く教授になってから、教育のことに口出しをしたほうがよい」、と日本的智恵（?）を授けてくれたことを思いだす。

研究至上主義者も黙してはいない。研究とは人間の崇高な営みなのであることを主張する。「研究こそ、思考の自立性を養い、自律の精神をきたえあげ、真理に対する情熱をつちかい、根気づよい、何ものにもまどわされることのない、良心的な仕事に対するかまえを作り上げる」のだと。そして、「知識を拡大させ、それを受けとるのにふさわしいごく少数の者に、知識を伝えることが、大学の理想でなければならない」と。これは最近の日本でよく聞く官・財界筋の見解に似ている。

この研究と教育の対立という図式は、その後、アメリカにおける論争の底流となった。しかし、研究中心型の大学の評価は衰えることはなかった。そして、リベラル・アーツに基づく教養派の大学も消滅することはなかった。しかし、後者は守勢という負い目を免れることはできなかった。リベラル・アーツ・カレッジの地位の相対的低下は歴然としていた。その地盤沈下を防いだのは第一次世界大戦である。

8　大学の社会的認知条件

中世におけるリベラル・アーツ派はアリストテレスを擁して、プラトンと組みする体制派に対して批判的立場を取った、と述べた。その対立は単にイデオロギーの対立ではなく、方法それ自体の対立でもあった。アリストテレスの方法は事実から出発する、ということであった。これはすべての人に受け入れられやすい。それに対して、プラトン派は超越という神秘的な観想から出発する。これは達人の立場で、容易に凡人の納得できる方法ではない。アリストテレス派の方法は万人に直接的に希望を用意する。その方法によれば人の世はなにがしか動くかも知れない。世界の進歩を人間の手で実現できるかもしれないという幻を人々に与えた。かくして、アリストテレス派、すなわちリベラル・アーツ派は社会の支持を得ることになる。存在が認められたのである。すなわち、学問によって社会は進歩するという期待を、大学は人々に抱かせたのである。大学はそのようにして認知された。

そのリベラル・アーツがやがて体制派となり、頽廃した。もはやリベラル・アーツ派に体制批判のエートスは失われている。そこではアリストテレスもプラトンも同列に古典として、体制を維持する人間の魂を養う糧として、等しく暗唱の対象になった。伝統に安住するリベラル・アーツ派に対して、進歩を求める知識人の要求は、ドイツ科学革命という新しい方法に、進歩の幻を託した。科学主義を信奉する大学に、社会の進歩を託したのである。そして、確かに科学は進歩の希望をなにがしか社会にもたらした。社会の必要に大学は応えた。崇高なる学問は人間の精神の最高の営みとして、世界は大学を尊んだ。理性の府であるドイツの大学は世界の精神の最高峰となった。そして、科学主義大学は体制となる。

しかし、そういう大学を擁するドイツが第一次世界大戦（一九一四〜一九一八）という、およそ反知性的事件の元凶となった。第一次世界大戦は、ヨーロッパのアイデンティティの危機であり、西洋的知性に危機をもたらした。それは、ドイツ科学主義に対する幻滅である。この事件をきっかけにリベラル・アーツ派は反体制のエートスを復活する。すなわち、ヨーロッパは科学主義では救われない、という批判的契機を獲得した。

この批判の新しい展開として、二〇世紀最初の一般教育のリバイバルが、第一次世界大戦の頃、Amherst College で行なわれた概観コース（a survey course; Social and Economic Institutions）である。これは社会の広視角的見方で、「人間的科学」を学生に紹介するものであった。これは、ジョン・デューイ（John Dewey）の考え（一九〇二）の実践であった。彼によれば、大学教育の混乱の原因は、教員の教育の貧しさによるものではなく、急速な知識の拡大に起因するものである。デューイの修正案は、概観コースにより、学生に大きな世界における方向づけを与えようということであった。かくして、概観コースが第一次世界大戦後の一般教育の一つのモデルになった。

もう一つの新しい展開として「西洋文明論」がカレッジの科目として登場する。話は前後する。科学主義を妥協的にアメリカのカレッジに許容する方策の一つは、科学校という別科をつくることであったと述べた。もう一つの妥協が、科学についての講義中心の科目を、選択科目として、加えることであったことにも触れた。この選択科目の導入は、伝統的カレッジが全科目必修であったことを考えると、大きな風穴であった。やがてハーバードのエリオット学長（在任期間、一八六九〜一九〇九年）による自由選択制の導入に至ることになる。このエリオット批判が、「西洋文明論」を流行させる。「西洋文明論」に代表される一般教育カリキュラムとして有名なのは、第一次大戦直後のコロンビア大学に開設された「現代文明」科目である。そして、戦争という反文明的出来事に対する西洋知性の復活への期待と、「西洋文明論」とが重なる。「西洋文明論」という一般教育において、リベラル・アーツ派の批判的エートスが復活したのである。

一九一九年にコロンビア大学が「現代文明論 Contemporary Civilization」を一年次学生の必修にした。これは戦時中の軍事訓練科目「戦争問題 War Issues」と戦後の科目「平和問題 Peace Issues」の組み合わせであった。これは学生に彼らをとりまく物理的、社会的要因を理解させるためのものであった。今日における知的、経済的、政治的生活の主要因が議論され、過去との関連と相違が議論された。この国の過去の歴史的事件がいまや国際的関係にリンクしていることが考察された。かくして、学生に自分の時代の文明に自分の判断で知的に参加することを考えさせた。

当時コロンビア大学の学生として、「西洋文明論」を学んだドナルド・キーンが面白いことを言っている（「平成六年度第一回学長会議記録」、日本私立大学連盟）。「コロンビア大学で古典や歴史に重きを置く考え方が生まれたのは、第一次世界大戦が終わったころです。あのような大きな戦争がなぜ起こったのか、回避できなかったのか、検討しようということでした。その結果、「コンテンポラリ・シビライゼイション、現代文明」という名称の新しい必修科目ができました。現代の文献だけを読むのではなく、中世の歴史、中世の哲学、宗教などの勉強によって、例えば西洋に自由主義や専制主義という二つの正反対の思想がなぜ生まれたのかなどといったことを学びました。そのようなことを知ろうとすれば、どうしても歴史的に西洋の文学や哲学を知らなければならないという考え方に立ったからです。——大学は専門的な教育を与えるところでしたから、四年間の大学生活で一種の技術は覚えても、西洋文明を全然しらず、文化をしらないという批判が（ドイツ科学主義大学に対して）ありました。——なぜ西洋に自由という伝統があるのかは（例えば）スピノザにおける自由を読まなければ十分わからないし、西洋のすぐれた文学作品を読まなければそれらを理解することはどうしてもできません。ともかく一番代表的なものを読むことは、すべての人の義務だという考えが生まれたのです。――ギリシャ文学としてホメロスの「イリアス」、プラトンの「国家」、アリストテレスの「倫理学」と「詩学」、ほかにヘロドトスとツキジデス、ローマ文学としてヴェルギリウスの「アエネーイス」、あるいはマーカス・アウレリウスの「人生論」、レクレチウスの「物の本性について」、アウグスティヌスの「告白」、中世文学としてダンテの「神曲」、あるいはマキアベリの「君主論」、そして近世ではセルバンテスの「ドン・キホーテ」、モリエールの喜劇、パスカルの「パンセ」、ヴォルテールの「カンディッド」、フィールディングの「トム・ジョーンズ」、ドイツ文学としてゲーテの「ファウスト」と、一年間でかなり読みました。――西洋の伝統を知らなければ無知と変わらない。そして無知から解放するものは、リベラル・エデュケーションであり、自由な教育は無知からの解放という意味だったのです。――変な言い方ですが、そういう教育を受けたために、私は西洋人としての資格を得ました。その教育を受けたために、西洋人とはどのような人間であるかが初めてわかりました。――日本の一流女子大学に日本史、世界史を教える教員が一人もいないと聞いて非常に驚きました。自分の国の歴史や世界の歴史を教えない大学があるのでしょうか。――つまり早くから専門的な教育、明らかに役に立つような技術は覚えさせても、人間としての教育を怠っているのではないかという印象を受けます。」キーンの説明がよく示しているように、コロンビア大学の「西洋文明論」は強烈な西欧主義の主張であった。それは大学が「科学主義」という没個性的なものによって支配されることへの反動であった。一方、シカゴ大学のハッチンズ（Robert Hutchins）によるGreat Booksと学際科目による実験が、大きな議論を呼んだ。これらの実験的試みは、第一次世界大戦後の時代の反映であった。

このような文明論的批判があっても、一度味わった科学研究の旨味を、大学人は忘れない。文明論という抽象的な思想では、現実を変えることはできない。科学主義大学への批判は、研究大学の存立を脅かすまでにはいたらない。リベラル・アーツ派は批判者として少数派にとどまる。しかし、歴史の節目ごとに、科学主義派とリベラル・アーツ派の論争が繰り返された。そして科学主義大学は、第二次世界大戦という触媒によって、その地位を確立した。一方、リベラル・アーツ派は、古典へのノスタルジアと体制批判のエートスに引き裂かれながら、少数派としての誇りをもち続けるのである。

9　自由社会における一般教育

一九四五年のHavard Reportは国民的論議を呼んだが、これもその時代が生んだものである。ハーバード大学総長コナントの諮問委員会が、その討議の結果をまとめた報告書「自由社会における一般教育」(General Education in a free society : Report of the Harvard Committee with an introduction by James B. Conant. Harvard University Press. 1946)は、原本が赤表紙であったため、「レッド・ブック(赤本)」と呼ばれ、当時のアメリカにおけるベスト・セラーになった。それは「文化の世界における原子爆弾」といわれた(木村・他一九五〇、絹川二〇一五)。この報告書作成のために、二年の歳月と十二名の一流の学者と、時価に換算して数億円の調査費が投入された。本書は第二次大戦後の激動期におけるアメリカの教育の方向性を示そうとしたものである。当時の国際社会とアメリカの社会事情が、この報告書に深く反映されている。そのいくつかの特徴をあげると、二〇世紀中期における民主主義の根拠づけを、新しいヒューマニズムに求め、「多様性の中に統一を求めて」、それを総合的に基礎づけようとした。大学教育はそのような社会の必要に応えるものでなければならない。この原理に基づいて本書が提示するカリキュラム構成基本理念は「均衡と総合」である。有名な人文、社会、自然の三分野必修制度はこの理念の表現である。すなわち、「知識は伝統的に、自然科学、社会科学、人文科学の三分野に分けられる」とこの報告書の冒頭で述べられている。戦後日本の大学の一般教育の設置基準は、これにならったものであった。しかし、この三分野必修制度は、ハーバード大学教授会によって骨抜きにされた。必修制度を弱めて、選択科目を紛れ込ませたのである（W・B カーノカン 一九九六）。「ハーバードは専門分化と妥協した」のである。この事実は日本ではあまり知られていない。これが原因となり、ハーバードの一般教育は後に頽廃する。そして、一九七〇年代に「コア・カリキュラム制度」が導入されることになるのである。

人文、社会、自然の三分野にまたがるカリキュラムは、コナント委員会が創始したのではない。コナントの前の学長時代から始まっている。コナント委員会はそれを引き継いで、その哲学を基礎づけたのである。アメリカの近代における教育思想は、「平均の水準の向上」と「エリートの特質の向上」の二つの糸で折り合わされている。一般教育は、第二次大戦後に、大学が大衆化するに伴って、前者を対象とすることに傾く。アメリカの大学が大衆化する契機は、大戦後の大量の復員兵の社会復帰のための緩衝として大学が用いられたことによる。そもそも、エリートを対象とした一般教育は、すでに述べたコロンビア大学の現代文明論がそうであるように、ヨーロッパ普遍主義の系譜である。コナント報告は、その枠を一歩踏み外している。それは「多様性の中に統一を求めて」というスローガンに表れている。「多様性」はヨーロッパ普遍主義の系譜の蟻の一穴である。アメリカにおける大学教育思想のもう一つの特徴は、ヨーロッパ普遍主義と多元主義の相克である。アメリカ一般教育論には、「エリート対大衆」の相克と、「普遍主義対多元主義」の相克がある。日本の一般教育論は制度論と方法論のみである。そこには思想の相克はない。

アメリカの大学教育は、結局リベラルまたはジェネラルとスペシャルの二極間を振動しながら、それらを総合することを試みようとしてきた。したがって、大学教育において、何らかの専門の学びを拒否する理由はない。しかし、平均的学生は自分の専門を選択できるほど成長はしていない。専門分科の学びはリベラル・アーツ課程の後に行われるべきである、という思想が常にアメリカの大学論の底流にある。すなわち、リベラル・アーツ・カレッジにおける専門科目の学習は、職業教育や大学院のための予備教育ではなく、その学習自体が目的となるようなものである。この見解は、その後のアメリカにおける大学教育論の底流になっている。

この両面の調和の表現として、リベラル・アーツ・カレッジの教育を二つの垂直軸で表現し、水平軸を一般教育とし、垂直軸に専門教育をなぞらえる。水平軸は知識の広がりを、垂直軸は知識の深さを意味するのである。それぞれのカレッジのカリキュラムは、この座標平面上のグラフとして表現できよう。

10　日本版「一般教育」の誤解

日本の第二次大戦後の大学における一般教育の実現は、まことに奇妙である。アメリカ占領軍の勧告により始まった（とは必ずしも言えない）学制改革は、「一般教育」というアメリカ式のコンセプトを日本に持ち込んだ。それは日本の大学にはなじみがない。関係者は「レッド・ブック」を懸命に読んで、一般教育を「人文・社会・自然」という均衡カリキュラムであるとした。ハーバード大学で出来なかったことを日本で実現しようとした。そして、旧制高等学校の教育経験を、一般教育に重ねて、「一般教養」という日本版をでっち上げた。欧米におけるリベラル・アーツの歴史は、日本版「一般教養」がいかに奇妙なものであるかを、検証する。そもそも「一般教育」はアメリカにおけるリベラル・アーツの復権の旗印であった。そして、リベラル・アーツのエートスは体制批判である。日本の新制大学は、軍事帝国主義に対するアンティ・テーゼとして、アメリカ占領軍の強い指導によって出発した。そこでの一般教育はリベラル・アーツの体制批判、すなわち、戦前の体制を批判するものでなければならない。しかし、その実体は戦前の体制を支えるエリート育成の旧制高等学校教養主義で置き換えられたものであった。体制批判のエートスが体制擁護のエートスで置き換えられたのである。まさに、ミイラ取りがミイラになる、とはこういうことをいうのであろう。

さらに奇妙なことは、そもそもアメリカにおける一般教育は、ヨーロッパ普遍主義のアイデンティティの回復を目指すものであった。前に引用したドナルド・キーンは「(コロンビアの一般教育は)厳密な意味での反動的教育だった」と述べている。「反動的一般教育」はアメリカ人にとって必要だと主張されたので、それを日本に当てはめるとすれば、まさにそれは戦争によって失われた日本人のアイデンティティを問うものでなければ無意味である。(こういうと、昨今問題になっている「自由主義史観」を擁護しているようにとられるが、そういう意味ではない。アイデンティティの内容が問題なのだ。)しかし、日本版「一般教養」はアメリカ版の焼き直しであろうとして、無意味な「幅広い知識」を与えることを目標としてしまった。「単なる知識の集積は悪徳である」ことを、日本の大学人は知らなかったのであろうか。単なる知識の集積では何も育つものはなく、やがて「パンキョウ(「一般教養」から脱字して「般教」)」という軽蔑的ニックネームをつけられるようになった。

アメリカ版の焼き直しである日本版「一般教養」概念の奇妙さは、アメリカの「一般教育」概念で対立しているものを、無邪気に全部受容していることである。すなわち、新制大学発足時に、「一般教育」の類型と

いる。誰もその全体を統括することに責任がない。それぞれの主張はもっと基本的な教育についての考えの代理をしているのである。」結局のところ、「一般教育はカリキュラムにとって予備の部屋であって、すべての者が同意できそうもないことを放り込んでおく空室で、そのことについて誰も責任を取ろうとはしないところである。」という皮肉な結論がでてくる。

しかし、一般教育は大学教育における必要悪（あるいは、必要善）であって、社会にとって極めて重要なことがらである。歴史的には一般教育は、科学主義大学に対する批判である。科学主義大学の欠陥を補うコンセプト全体を、「一般教育」は表している。科学主義大学の欠陥をどのように埋めるかは、それぞれの教育観であり、世界観である。それだけに、一般教育についての斬新な見解が求められているのである。いわば一般教育は、とかく規範的になり、沈滞しがちな教育に対する、カンフルなのである。

一般教育とは、大学教育とは何か、という問いに答えるカリキュラム空間である。この考えには、専門教育だけが大学教育ではない、という前提がある。したがって、大学教育についての考えに応じてその内容は異なる。日本の大学問題とは、大学教育とは何かという問いがないことである。教員の専門志向だけが、大学の原理になっている。大学教育を問うことは社会を問うことである。これが欠落していることが、日本の大学問題である。一九七〇年代から一九八〇年代にアメリカで一般教育復興運動、リバイバルが起きたのは、アメリカ社会がベトナム戦争の悲劇に反応したことに、大学も敏感に反応したからである。日本の大学には、日本の将来をどうしようとするのかという問いに基づいて教育を考えようとする機運が希薄である。「一般教育は大学の現代社会にたいするコミットメント」でなければならない。

12　過去の鏡

一般教育は vocationalism という学問的化けもの、過度の専門化、選択カリキュラムと戦うことを要請されてきた。よく知られている一般教育のテーマには、公的責任を負う市民の育成、共通の遺産の継承、自己実現の推進、素人を科学的世界に導入する、等がある。加えて、兵役除隊者に対する社会復帰教育、移民に対するアメリカ生活教育、民主主義のための教育（Harvard Report）、等々が挙げられていた。ソ連によるスプートニックの打ち上げ（一九五七）により、アメリカでは早期専門化教育が促進された。冷戦が一般教育を殺したのである。

一般教育のリバイバルはそれぞれの時代の社会の関心事を写す鏡であった。戦争がコミュニティを破壊したときに、政治への関心が減じたときに、社会問題に政府の努力が衰えたとき、国際的に孤立したとき、愛他主義が衰えたとき、一般教育のリバイバルが主張された。焦点は価値の共有であり、責任の分担であり、世界観の共有である。共通の生の再確認のために、共通の目的の再定義のために、直面している共通の問題のために、一般教育が必要だと提唱された。

だからといって、一般教育が知的画一化を推進しようとしているのではない。共通の課題にかかわっていることの強調である。一般教育は社会の問題提起にたいする組織的確認である。一般教育の使命は、学生が、自分が自律的存在であることを自覚するばかりでなく、自分もまた数えられている人間の共同体の一人であることを、認識することができるように、彼らを支援することである。一般教育は、したがって、共通の学習（common learning）である。

13　ヨーロッパ普遍主義の後退

一般教育は古典派にしろ文明論派にしろ、ヨーロッパ普遍主義をエートスにしていたことには相違がない。しかし、このエートスに異変が発生する。アメリカにおいて、一九七〇年代に一般教育を再考する動きが顕著になった。スプートニック・ショックによって専門教育へ大きく傾いた一九六〇年代の傾向を、反対方向に振り子を戻すことが、一九七〇から一九八〇年代の一般教育のリバイバルであった。どこの大学も学生にグローバルな展望を得させるプログラムを創造することを緊急の課題として受け止め始めた。しかし、そのリバイバルは昔のようにヨーロッパ普遍主義への回帰ではなかった。そのような動向の中で、一九七〇年代後半のハーバード大学のコア・カリキュラム改革の影響は大きかった。今度は「原子爆弾」ではなくて、「静かなる革命」としてもてはやされた。ハーバード大学のコア・カリキュラムについては、ここで詳しくは述べない（絹川一九九五、絹川二〇一五）。ただし、次のことだけは注意しておきたい。コナントの「レッド・ブック」はハーバードで成功しなかった。三分野必修制度は実質的に分野内の選択科目の多様化によって自由放任主義になり、崩壊した。そして、時代はハッチンズの帝国主義をゆるやかに批判するだけでは収まりきらなくなっていた。この事態を改革しようとしたのが、H・ロソフスキー文理学部長が主導した「コア・カリキュラム」である。すなわち、三分野必修制度に代わって、新たな必修コアの導入である。次の六つのコアが定められた。文学と芸術、科学、歴史研究、社会的分析、外国文化、道徳的判断。学生はそれぞれのコア科目から一定の単位数の科目を修得することが要求されている。このコアの中で著しい特徴をもつのが「外国文化」である。アメリカの大学でこのような科目を開講したのは、ハーバードが最初のようである。ここに明確にアメリカの大学が、ヨーロッパ普遍主義から脱却しようとしていることを見ることができる。ロソフスキーはつぎのように述べている（ヘンリー・ロソフスキー、一九九二）。「第二次大戦までは、アメリカ人は世界の大部分を無視することができた。我々の視線は、西ヨーロッパ、特にイギリスと、西欧文明における我々のルーツに向けられるのが普通だった。第二次大戦後の束の間、我々は得意の絶頂にあった。我々にはよそから学ぶものはないと思っていた。今、状況は根底から覆った。我々は学生の文化体験の範囲を広げ、他国の文化に対する思い込みや自国の伝統について、新しい視点を持たせることを目標にしている。」いま、アメリカの一般教育はヨーロッパ普遍主義からの脱却をめぐって展開されている、といってよいであろう。すなわち、文化相対主義の傾向が顕著になった。スタンフォード大学の一般教育の変遷は、その著し例である。（W・B カーノカン、一九九六、一四〇頁）

さて、ハーバード大学のコア・カリキュラムは「カレッジのカリキュラムに知的一貫性と合理性を呼びもどす、ここ半世紀で最も大胆な偉業と讃えられた（C・Jサイクス、一九九三年）。」しかし、それはすぐに知的一貫性を失った、と酷評されている。その現実は、寄せ集めの二〇〇科目の知的一貫性を欠いたものにふくれあがって、無政府状態である、という酷評すら聞かれる。その主たる原因は何か。それは教員の専門主義である。ドイツ科学主義の軍勢が、依然としてリベラル・アーツを攻撃している図式を見るのである。

14　ヨーロッパ普遍主義の残照――アメリカ精神の終焉

アメリカでは、教育論関係の本がしばしば大ベスト・セラーになる。アメリカに滞在したとき、その仕掛け人はニューヨーク・タイムズの日曜版の付録の書評ではないか、と思わされた。それはアメリカの知識人の知的水準を表しているといってもよい。アラン・ブルームの『アメリカ精神の終焉』(みすず書房一九八八年、Allan Bloon、Closing American Mind)が大ベスト・セラーになったことは、ホワイト・アメリカンにヨーロッパ普遍主義が依然として根強く残っている徴《しるし》のように思える。その徴が価値相対主義批判である。すなわち、アメリカの精神的閉塞状況の原因は、異なった価値への「寛容さ」とその認識論的条件としての価値相対主義との結合にあるとする。そのことは、価値判断の基準となる確固たる道徳的政治的規範の消失をもたらした。そこで、この問題への対処として、古典主義への回帰が奨励される。精神的豊かさの土壌としての古典である聖書、ソクラテス、プラトンへの傾倒が求められる。

価値相対主義批判に対する批判がある(千葉、一九九六)。価値相対主義批判は、エリートの支配する社会への復帰を目指している。よき伝統を破壊するのは、ブルームが考えるように、人種的小数者でも多文化主義者でもない。むしろ、それは近代の都市化、産業化、帝国主義であり、それらに迎合する種々の世俗的態度である。ブルームは六〇年代以後の社会の構造的変化を見ていない、という。

しかし、両者に共通する視点も見られる。人格の倫理的淘汰を旨とする人文主義の凋落を共に見据えている。実証科学および科学技術に適した技術知を指向する今日の高等教育は、道徳的刷新や創造的な政治のヴィジョンをもたらし得るものではない。それは生の宗教的倫理的理想や良き伝統や歴史的アイデンティティへの憧憬や熱望を若者の心に醸し出すものでもない。これらの内面的志向こそ、豊かな人間文化および生彩ある道徳的政治的思想と行為を作り上げていく基本的契機にほかならない。しかし現代の高等教育は、若者のこうした内面的資質と志向性の涵養に失敗しているだけでなく、むしろそれらの契機の破壊を助長すらしているのではないか」と言う。こうした内面的資質、志向性、エートスを修養し育成するものとして、「黙想的文化(meditative culture)」の重要性を認識する必要があるとする(このことは本書の主要テーマと重なる)。

「黙想的文化」とは、一貫した関心や好奇心、ヴィジョンの豊かさや自由な心性、的確な判断力や洞察によって満たされたすべての創造性を育てる精神的源泉を意味する。「黙想的文化」は、計量可能で客観的な科学的知識や情報によっては必ずしも捉えきれない文化の総体、暗黙知(tacit knowledge、マイケル・ポラニー)や判断力感受性を養う精神世界にほかならない。「黙想的文化」を創りあげるものとして形而上学、哲学、信仰、伝統、歴史的感受性の重要性を再認識する。

15　大学のゲルマン捕囚からの解放

ブルームはアメリカの価値相対主義の根はドイツ・コネクションであると言っている。日本の近代の文化に、アメリカとは異なる意味で、ドイツ・コネクションの問題性を発見することができる。日本におけるドイツ・コネクションの第一の徴は「日本型教養の系譜」に発見できる。(以下、次の二書を参照、筒井清忠一九九五、高橋英夫一九八四)

明治初期の教養主義の源は、江戸期の修養主義である。その修養主義の延長線上に、個人的教養主義が接続し、さらにそれが学歴エリート文化に接続する。この学歴エリート文化の一つの極が、「偉大なる暗闇」として夏目漱石の「三四郎」で登場する広田先生のモデルといわれた岩元禎（第一高等学校教授）である。もう一つの極は、学生時代に岩元禎から落第点をつけられた和辻哲郎である。和辻はそれが原因で、後に日本的教養主義を唱える。これら両極の接点に、帝国大学のお雇い教授であったロシア国籍のドイツ人ラファエル・フォン・ケーベルが登場する。すなわち、ドイツコネクションである。彼はチャイコフスキーにピアノを習うが、音楽から哲学に転身、ドイツで学位をとったが、教授職につけず、傍流の悲哀をかこって帝国大学哲学教師として来日し（一八九六年、明治二九年、四五才）、在日三〇年、日本で没した。ケーベルの風貌は、彫深く、白髪白髭で、神の似姿としてのギリシア人のような理想的ヨーロッパ人とかれの弟子たちは錯視したと言う。彼はヨーロッパの古典を生きる人間と見られた。

ケーベルの影響を受けた知識人が続出した。西田幾多郎、岩元禎、波多野精一、九鬼周三、阿部次郎、魚住影雄、久保勉、和辻哲郎、等々である。そのうちで異彩を放ったのは岩元禎である。岩元禎はケーベルを通して西洋古典の世界に出会う。万事においてケーベルを範とする。ケーベルを模倣することが本物であるとした。生涯独身、美食家、秀才美青年を愛した。第一高等学校の教授となり独語・哲学を講じたが、在任四二年間一日の如しで、一篇の論文も著書も書くことなく、生涯ひたすら西洋古典を読むことに没頭した。彼のドイツ語の授業では、「アーベーツェーも知らない一年生にシラーの『ウィルヘルム・テル』を講義した。最高級のドイツ語の大海の中へいきなり生徒を叩き込んだ。それは強烈なエリート教育で、それでもついてくるものしか相手にしなかった。」彼において、「読書が教養である」という教養主義の原点を見る。それは日本の高等教育のドイツ・コネクションを象徴する事態である。

日本におけるドイツ・コネクションは、日本のキリスト教神学にも見られる。太平洋戦争以前から、日本のキリスト教神学はバルトに代表されるドイツ神学に強く影響されていた。この事態を、ユダヤ民族のエートスである「バビロン捕囚」になぞらえて「日本の教会のゲルマン捕囚」と言われることがあった。日本のキリスト教は、知識人によって維持されてきた。それゆえに、ドイツ神学に支配された日本のキリスト教会の特性は、観念論的で、社会の現実に深く関わらない「無社会的」傾向をもった。それが「ゲルマン捕囚」の現実であった。この事態を打ち破ったのは、大戦後に打ち寄せてきたアメリカのキリスト教である。それによって、ドイツ神学の縛りは解きほぐされ、日本の教会は「ゲルマン捕囚」から解放される。

さて、ここに見られる構図は、日本の大学の変遷にも見て取れる。ドイツ規範の日本の帝国大学は、無社会的性向を有した。敗戦後、アメリカの強い影響をうけて、日本の大学はアメリカ規範の大学に変貌することを強制される。その直接的な契機が、社会的現実に深く根ざす「一般教育」の導入であった。「一般教育」の導入こそは、帝国大学のゲルマン捕囚からの解放を目指すはずであった。しかし、依然として日本の大学は、ゲルマン捕囚のくびきから解放されていないのではないか。日本のキリスト教信者の数は、全国民の一％に過ぎない。この事実に対して、日本の神学者は責任が問われ、回心が求められる。同様に日本の大学教員は、一般教育の衰退に対して責任が問われ、回心が迫られているのではないか。

参考引用文献

Eanest L. Boyer and Arthur Levine, 1981 "A Quest for Common Learning," The Carnegie Foundation for the advancement of Teaching,Princeton Univ. Press.
アラン・ブルーム、一九八八、『アメリカ精神の終焉』みすず書房。

イエール大学、一八二八、“REPORT ON YALE COLLEGE EDUCATION”

W・Bカーノカン、一九九六、『カリキュラム論争』玉川大学出版部。

エドワード・グラント、一九九四、「中世における科学と神学」、R・リンドバーク・R・Lナンバーズ編『神と自然』みすず書房。

エリック・アシュビー、一九七七、「科学革命と大学」中公文庫。

ステファン・ディルセー、一九八八、『大学史』東洋館出版社。

C・Jサイクス、一九九三、『大学教授調書』化学同人。

ハンス・ゲオルグ・ガダマー、一九九三、「大学の理念」玉川大学出版部。

ヘンリーロソフスキー、一九九二、『大学の未来へ』TBSブリタニカ。

潮木守一、一九八六、『ドイツ大学への旅』リクルート。

潮木守一、一九九三、『アメリカの大学』講談社学術文庫。

大口邦雄、二〇一四、『リベラル・アーツとは何か』さんこう社。

絹川正吉、一九九五、『大学教育の本質』ユーリーグ。

絹川正吉、二〇一五、「『大学の死』、そして復活」東信堂。

木村健康、他、一九五〇、『大学』国元書房。

高橋英夫、一九八四、『偉大なる暗闇』新潮社。

立川明「リベラル・アーツ教育とは何か―その歴史と現状、本質と役割について」未発表原稿。

舘昭、一九九七、「大学改革　日本とアメリカ」玉川大学出版部。

千葉真、一九九六、「アメリカの高等教育と政治」『知と信と大学』ヨルダン社。

筒井清忠、一九九五、『日本型教養の運命』岩波書店。

筒井清忠、一九九五、『日本型「教養」の運命』岩波書店。

中村夕衣、二〇〇六、「教養教育の理念における合意に向けて」『京都大学大学院教育学研究科紀要』五二号。

山田耕太、二〇〇八、「ローマ時代のパイデイアと修辞学の教育」『敬和学園大学研究紀要』。

あとがき

過日、東信堂　下田勝司氏より、以下のメールをいただいた。

「大学改革の中でどうも費用対効果の考え方が徹底して浸透し、財政やマネージメントも確かに大事なのですが、学生が置き去りにされているような事態が進行しているかと思います。学生を過去との比較でどう質的に劣化しているかでなく、いま学生はどう把握できるのか。そして学生を財界の言うごとくグローバルに活躍できる人材として英語力をつけさせるということで良いのか。そんな程度で人間としての成長目標にされていて良いのか、いい加減きわまりないような気がします。

大学が国立含めサバイバルに突入して生き残りを、大学としても教職員としても、かけて懸命になっていると思いますが、やはり二〇年、三〇年先を見て教育は考えなければならない訳で、あまりにも先を共有されない形で政府機関の言うママに、実は政府も先を見通せないでいるのではないかと思いますが、現代世界や先導する覇権国や国際関係、国際経済の構造など、国家の格差、いま世界を構成している構造が、どのようなベクトルで動き錯綜しているかの解明と根本的な人と人、社会と人の基本的関係の再構築・再編成への共有を議論すべきです。そんなわけでいま何に目を向けなければならないかを、是非先生に書いて頂けないでしょうか。」

この下田氏の問題提起に、大学教育に携わってきた者として、応答の責任を感ずるが、どのように上の課題に応答するか、悩みは深い。著者は、一つの応答として、大学教育の内容を提示することにした。特に、リベラル・アーツ教育について、焦点を置くことにした。しかし、リベラル・アーツ教育を全体的に語ることは容易ではない。ゆえに、本書ではリベラル・アーツ教育の一断面を提示することに止めた。それは、今日、死語となった「一般教育」にかかわることでもある。

本書の内容の大部分は、著者が半世紀にわたって実践してきた「一般教育」の内容を下敷きにしている。時代錯誤と批判されるかもしれないが、著者の意図を受け止めていただければ幸いである。

終わりに、下田勝司氏の変わらざる督励に、心から感謝申し上げたい。

や

ら

た

な

は

ま

事項索引

人名索引

著者紹介
絹川　正吉（きぬかわ　まさきち）

■経歴

1929年生まれ。1955年東京都立大学大学院理学研究科修士課程（数学）修了。

1960年 Northwestern University より Ph.D. 取得。

国際基督教大学教授、同教養学部学長、同学長、同名誉教授、文部科学省「特色ある大学教育支援プログラム」実施委員会委員長、日本私立大学連盟常務理事、大学基準協会理事、大学セミナーハウス館長、大学教育学会会長、日本高等教育学会理事、IDE大学協会理事、新潟大学理事等を歴任。

■編著書

『初等フーリエ解析と境界値問題』（森北出版、1972）
『フーリエ解析例題演習』（森北出版、1976）
『解析要論』（理工学社、1979）
『ヘブライズムとヘレニズム』（共著）（新地書房、1985）
『大学は変わる』（大学セミナーハウス編、共著）（国際書院、1989）
『大学教育の本質』（ユーリーグ、1995）
『ICU〈リベラルアーツ〉のすべて』（編著）（東信堂、2002）
『学士課程教育の改革』（共編著）（東信堂、2004）
『大学教育の思想』（東信堂、2006）
『「大学の死」、そして復活』（東信堂、2015）

リベラル・アーツの源泉を訪ねて

2018年6月20日　　初 版　第1刷発行　〔検印省略〕
定価はカバーに表示してあります。

著者Ⓒ絹川正吉／発行者 下田 勝司　印刷・製本／中央精版印刷

東京都文京区向丘1-20-6　郵便振替 00110-6-37828
〒113-0023　TEL (03) 3818-5521　FAX (03) 3818-5514
発行所 株式会社 東信堂

Published by TOSHINDO PUBLISHING CO., LTD.
1-20-6, Mukougaoka, Bunkyo-ku, Tokyo, 113-0023, Japan
E-mail : tk203444@fsinet.or.jp　http://www.toshindo-pub.com

ISBN978-4-7989-1498-5 C3037 Ⓒ KINUKAWA Masakichi